どの子も違う

才能を伸ばす子育て　潰す子育て

中邑賢龍
東京大学先端科学技術研究センター教授

731
中公新書ラクレ

はじめに

常に子育ての「答え」を求める親たち

さて、子どもを育てる上では「褒める」のが正解？　それとも「叱る」方が正しいのでしょうか？

実際には、どちらも必要です。当たり前ですが、それは、褒める方が向いている子もいれば、叱って挑発して育てた方がいい子もいるからです。しかも、それも時と場合によって異なるからこそ、親は悩む。

本来ならば、子どもの発達の仕方について、ある程度理解した上で彼らに時間をかけて向き合えば、今褒めるのがいいか、叱るのがいいか、といったことは少しずつ見えてきます。しかし、毎日があまりに忙しく、正解のみを記したマニュアルを求めがちな親は、手にとった本や専門家の回答に急いで答えを探します。あるいは学校・塾・習い事に子育てを外注します。

そうすると、少しずつ見出さなければならないものなのに、とりあえずの答えがはじき出され、そこで得られた答えが、その子どもに合っていたり、そうでなかったりする。しかも、時や人によって関わり方が変わるので、結果として当の子どもは混乱してしまいがちです。

たとえば不登校の子どもを医者に診せたら、それを「治す」とされる薬を処方されることがあります。それで問題が解決すればいいのですが、もし目立った成果を得られなければ、急ぎ解決を追い求める親は医者を替えて、正解を探す。それで転々とする間に、さまざまな薬を処方され、むしろ、深い闇の中に入り込んでしまった、などというケースがありました。一度闇の中に入り込んだ子どもを引っぱり出す過程は大変であり、非常に多くの時間を要します。

私たちが生きる現代社会は、すっかりデジタル化した一方で「何が正しいのか」「何が間違っているのか」を求めるような「コンプライアンス（法令遵守）意識」が強まりました。そのせいか、あらゆる面で、1か0かをはっきりさせようとする動きが生まれています。加えて、受験戦争をかいくぐってきた今の親世代は、何事にも正答があるものとして考える傾向がより強いように感じています。

しかし、あらためて見わたせば、世の中は答えのないことばかりです。子育てなんて、その最たるものなのに、いつまでも現実に合わない答えを押し付けられていれば、子どもも親も息が詰まってしまう。

そこでもう少しアバウトに、でも、それぞれの子どもに合った育て方を考え、その先で立ちふさがるかもしれない〝壁〟を乗り越えるための一手段として参考になれば、と執筆したのがこの本です。

「問題が顕在化しない」という問題

筆者は現在、東京大学先端科学技術研究センターにて、人間支援工学と呼ばれる分野の研究を行っています。

具体的には、不登校傾向にある小・中学生の「異才」を発掘するプロジェクト「ROCKET」や、障害や病気を抱えた子どもたちのための大学・社会体験プログラム「DO-IT Japan」。あるいは、パソコンやICレコーダーなど、身の回りにあるテクノロジーを教育に活用する「魔法のプロジェクト」、医療的ケアの必要な重度障害児のコミュニケーション支援プロジェクトなどに携わってきました。

詳しくは本書で触れていきますが、テクノロジーを多用した研究ですから、ある意味では最先端、でもある意味では、いわゆる科学技術とはまったく真逆にあるものだと言えそうです。

いずれにせよ子育てに密接に関係するテーマを研究していることもあって、こんな相談をよく受けます。

- 幼稚園や保育園に入って、お友達ができるでしょうか
- ゴソゴソと落ち着きがないのですが、小学校でやっていけるでしょうか
- 忘れ物が多く、宿題も提出が遅れがちです。こうした傾向はどうすれば治りますか
- 勉強が遅れていることを叱ると暴れてしまいます
- 空気が読めない発言を繰り返し、友達にいじめられているようです
- ゲームばかりに熱中し、まるで中毒のようになってしまいました
- 勉強に対し、まったくの無気力です
- 学校に行きしぶり、ずっと寝ているのですが……
- 夜に出かけては非行少年とつるんでいるようです

いずれもその解決策を求めての相談です。それぞれ、この方法なら解決できます、とは言い難いですが、はっきりと言えることが一つあります。それは、これら子どもらが抱える問題の多くは、そもそも子どもが持っている認知特性や性格が親の期待や学校のやり方、社会のニーズなどと合っていないために起きている場合が多いということ。

子どもの特性を無視し、無理に周辺の事情に合わせようとすれば、子は苦しみ、暴れ、無気力になったりして、結果として親も悩むようになります。

その事実が分かったなら、必要な分だけ親や教師の考え方の方を修正して見守っていれば、自分の力で子どもは動き始めます。私たちはそこに寄り添えばいいだけなのです。

では続いて、以下のような子どもならどうでしょうか?

- 塾や習い事に真面目に通っているものの、それ以外のことに興味がない
- 世界のあらゆることは、スマートフォンがあれば知ることができると思っている
- 一見、しっかりした主張をするものの、リアリティに欠ける
- 試験の成績は優秀だが、創造性がない

・指示されることは早く正確にこなせるが、逆に指示がないと動かない
・試験の成績や学歴が、その人の価値を決めると思っている

彼らの多くは、真面目に授業に参加し、たくさんの友人もいて、テストの成績も良いかもしれません。そもそも彼ら自身、まったく悩んでいません。もちろん親も心配していないし、教師も大きな問題があるとは認識していない。

しかし、私からすれば、問題が顕在化していない彼らの方が心配でなりません。それは、彼らのようにうまく適合し、順調に育っているように見える子どもだろうと、受け入れる社会の方が、将来の幸せを保証してくれない世の中になりつつあることを、筆者はひしひしと感じているからです。

「失われる仕事」をこなす力の意味

ＩＣＴ（「Information and Communication Technology」の略。通信技術を介したコミュニケーションのこと）により、私たちの社会では「第四次産業革命」と呼ばれる大きな地殻変動が起きています。この産業革命は、かつて蒸気機関が生まれ、ラッダイト運動が起こった時代

の変革期と同様、新しい仕事を創出するというより、大勢の人が仕事を奪われると言われています。

そもそもが、労働を機械化・自動化し、人を雇用しないことによって、収益を上げようというモデルなので仕方がないのですが、そこで不要になるのは、AIやロボットが得意とする記憶力や定型的な処理だと考えられます。

そうなれば、早く正確に作業をこなし、人の指示に従順で真面目な人物、または人の顔色を気にして、自分中心で、安全志向で、責任を取りたくないような人ほど、仕事を奪われる可能性が高いわけです。そして、奪われる対象となる能力を追い求めているのが、まさに「問題が顕在化しない子どもたち」なのではないでしょうか。

今の小学生が働き盛りとなる20年後、仮に、AIやロボットが動かす巨大プラットフォームが莫大な収益を上げ、それを税収として得た国が、私たちに最低限の所得、いわゆるベーシックインカムを配るような社会になっていたなら、いったいどうなるのでしょうか。

私たちは余った時間の中で、遊んで暮らせばいい？　いや、今の日本の状況を踏まえれば、何をして時間を過ごしてよいか分からず、心を病む人がより増えるようにも感じます。

そんな未来を見据えて子どもの教育を考えると、やはり「問題の無い子育て」に支えられた社会が、サステナブル（持続可能）なものになるとは思えません。これからは、余暇を充実させたり、自分で仕事を作り出す能力が求められるのは間違いないのですから。

「子育ての壁」を乗り越えるために

そもそも日本社会は集団志向で、異質な人に対して寛容と言えませんでした。しかし、それでも昔は自律的に、言い換えれば、もっと勝手気ままに動く人が多かったように思えます。良くも悪くも、コンプライアンス意識が低かったこともあって、社会はもう少し緩く穏やかにまわり、その分、ユニークな人たちにも生きる道が残されていたわけです。

また「ゆとり教育＝失敗した」と半ば結論付けられている日本の教育ですが、決して「ゆとり」そのものが悪かったわけではありません。むしろ「ゆとり」を否定して生まれた、しゃくし定規な社会が問題を生み、またその社会を支えている価値観までおかしくなったように筆者は感じています。

そうした状況を一言で言い表せば〝壁〟なのではないでしょうか。子ども側の壁、親側の壁、学校の壁、社会の壁……。子どもに向き合う私たちの前に、たくさんの〝壁〟が生まれてしまいました。

加えて、ＡＩやロボットが社会の中心を担う時代がおぼろげながら見え、社会が変質し始めた矢先、新型コロナウイルスによるパンデミックが起こりました。これも本書で詳しく記しますが、その結果、新しい学び・暮らし・働き方が求められるようになっています。そしてそれは「子育て」も同じです。つまり「ポストコロナ時代の子育て」が今強く求められているのであり、この本はそのあり方を考えるような方々にも読んでいただきたい。そう考えて記しました。

目の前にいるお子さんとの向き合い方において、何らかの参考になれば筆者として、そして研究者として幸いです。

目次

第三章

社会の壁――子育てしにくい社会

第五章　あなたが才能を潰す壁にならないために――価値を転換する9つの方法

第六章　壁を越えた先へ

——より個性が必要とされる時代の到来 ………… 197

図表作成・本文ＤＴＰ／今井明子

どの子も違う　才能を伸ばす子育て　潰す子育て

第一章

子どもの壁

彼らは何に阻まれているのか

たくさんの相談メールを目にして

「はじめに」にも記しましたが、毎日、さまざまな人から子育てについての相談メールが私のところに届きます。自分の気に入らないことには感情を剝き出しにして抵抗する子、苦手なことに関して心を閉ざし、貝のようになってしまう子など、少し読んだだけで、見守る家族のご心労がひしひしと伝わってきます。

しかし、ここで見方を変えてみましょう。私からすれば、それらの子どもたちは、みな人間らしいとも言えます。親の苦悩を感じつつも、実際、その行動のユニークさや豊かさには、思わず頬が緩むこともしばしば。

しかし、だからといって、現状の学校や社会は必ずしもそんな彼らに優しいわけではなく、「集団に馴染めない＝困ったこと」と一元的に捉え、彼らに特別な教育や指導を受けるように求めています。実際、それが機能する子どももいるでしょう。しかし、その教育や指導に苦しみ、闘う子も少なからず存在します。

なぜ、子どものことをしっかり考えているはずの学校や社会が、結果として〝壁〟となってしまうのでしょうか？　この章ではいくつかの事例を紹介しながら、彼らの行動の本質について考えてみたいと思います。

努力の壁——頑張ってもできないことはある

育てやすい子とはつまり、素直な子どもだと言われます。でも世の中には、親が用意した道を順調に歩いてくれる子どもばかりではありません。別の道を歩もうとする子どもや、途中で立ち止まって動かない子どもも大勢います。

同じ年齢だろうと、発達の速度が違うので、立っているスタートラインも違います。性格も異なっていて、飽きっぽい子がいればこだわりの強い子もいます。内向的な子どもを簡単に外向的にできるわけではありません。認知特性も異なります。漢字が得意な子ども、苦手な子どももいるので、練習すれば、一様にすぐに書けるようになるわけではありません。でも考えてみれば、子どもは皆、違っているのが当然なのです。

イギリスの哲学者、ジョン・ロックはかつて「タブラ・ラサ（白紙）」という考えを唱えました。これはつまり経験論のことであり、子どもはみな生まれた時には白紙のような存在で、そこからの経験によって知識や能力が書き込まれていく、という考え方を指します。

でも白紙にも、実はいろんな種類が存在します。同じ白紙とは言え、ツルツルとしたインクを弾く白紙もあれば、和紙のように吸水性の高いものもある。またサイズや形もさまざまです。それなのに、子育て本に書いてあることを真似すれば、それだけで子どもはすくすくと育つと考えるのは、白紙そのものに違いがあることを考えていないからにほかなりません。

親や教師が一所懸命教えても、新しいことが書き込みにくい、あるいは小さな白紙を持つ子ではなかなか前に進みません。子どもも親の期待に応えるべく、努力していないわけではないのですが、うまく進めなければ意欲も上がらない。そのうちストレスを感じ、時に、さまざまな問題行動に発展してしまう。親の中にはその遅れを、子どもの「努力不足」と解釈し、強く叱る人もいます。その結果、子どもはさらにストレスを溜め、親に反発したり、自己否定したりするようになっていきます。

一方で書き込みやすい、もしくは大きな白紙を持つ子は、さほど努力することもなく、スラスラと書き込んでいきます。だからこそ、「子どもは皆同じで、努力すれば皆同じようにできるようになる」という考えが強い親子ほど、ほかの子のそんな様子を見て追い詰められていくわけです。

子どもに期待するのは悪いことではありません。でも、与えた課題が子どもに合っているのか、合っていないのかは、親から見てもなかなか分からない。

この場合の対処法としては、課題を与えたら、とにかくゆっくりと時間をかけて観察することが何より大切です。放っておいても、自ら課題に取り組む子どももいるでしょう。嫌いだからこそ、必死に取り組む子もいるでしょう。途中で逃げ出す子もいるでしょう。大人たちは、それを見ているだけでよいのです。

「努力」を求められれば、求められるほど、傷つく子が必ずいます。課題に適さない白紙を持っているなら、違う課題を与えましょう。そうすれば、少なくとも親子が傷つくことはありません。得意な分野を探し、そちらで努力すればよいだけです。

無理解の壁――「理解」できない行動にも「理由」はある

子どもが大人の常識とかけ離れた行動をとると、ほとんどの親は驚き、「信じられない! 何でこんなことするの! 早くやめなさい!」などと声を荒らげます。その行動の裏に、実は子どもなりの事情があるにもかかわらず、大人はそれを理解しようとする前に、まず声を出してしまう。

私の知る例として、カーテンの中に入って授業を受けようとする小学校4年生のA君がいました。先生は「椅子に座って授業を聞きなさい」と怒るのですが、彼はカーテンから出ようとしません。先生が怒れば怒るほど、クラスの子どもたちの目も「勝手なことをする変わった子だ」というものになっていきます。

そこでA君に「なぜ授業中にカーテンに入りたがるの？」とお母さんがたずねたそうです。すると彼は、「カーテンに入っていたら、ノートを取らなくていいから」「そうしたら聞くことに集中できて、授業がよく理解できるようになる」「授業が分かると楽しい」と話したそうです。

いったい、誰がこんな答えを想像したでしょうか？　子どもが机から離れてカーテンに入っている、と聞けば「授業を受けずにサボっている」と感じる親がほとんどでしょう。だからこそ、「椅子に座って授業を受けなさい」とたしなめると思います。しかしA君の場合は、自分に一番合った学び方を自分で発見していたのです。

カーテンに入ることは批判される行為ではなく、褒められるべき行為だったと私は思います。しかし、日本の多くの学校においては、「授業は椅子に座って正しい姿勢で受ける」というルールが存在します。つまり、彼がいかにカーテンの効用を説明したとしても、その理由や事情を理解していない先生にとって、この行為は単にルール違反となってしまう。

大切なのは「ルールを外れたから悪い」と一律に判断するのでなく、まずはその背景を探ってみることです。彼らのユニークな行為の背景には、個々の子どもの有する性格や、認知の特性が影響していることが多々あります。これまでの日本では、そういった「違う」子を障害児などとし、区別してきました。しかしそれでは進展がありません。「彼は『違う』子だから治療する」「ほかの集団に移す」といった発想にしかならないわけです。

自らの経験や知識に乏しい人が、A君の行為を受け入れることは容易ではないでしょう。一方、最初から自分とは「違う」認知特性や、性格特性を有する人がいるのが当たり前で、理解できない行動をとる可能性がある、という事実を理解しておけば、次に出会ったA君のような子どもにも、温かく接することができるようになるはずです。

我慢の壁――なぜじっとしていられないのか

じっとしていられない子どもがいます。彼らは注意されて、しばらくはじっとしていても、何か音が聞こえたり、新しいものが目に入ったりすると、いてもたってもいられなくなり、衝動的に体を動かしてしまう。

道路を歩いていても、気になるものがあれば、それを追いかけて道に飛び出してしまいかねない。先生や親に叱られている最中だろうと、すぐに注意が逸れてしまうので、さらに叱られてしまいます。

でも、彼らに悪気があるわけではありません。また授業中に、全く話を聞いていないわけでもない。うろちょろ、キョロキョロしていても、話は意外と聞いていたりする。それなのに「態度が悪い」と誤解を受けるから、傷ついてしまう。

先生からすると、「姿勢が悪いから、話が耳に入らない」と考えるかもしれません。しかし子どもにしてみれば、「姿勢を保持することに注意を振り分けなければならないので、先生の話が耳に入らない」可能性もあるのです。

実は、行動をあまり制約せず、教室から出ないことなどを条件に自由にさせておくと、彼らのペースで授業を理解して学べる子もいます。学校によっては、彼らに対して指導員をつけ、動き回らないように指導をするところもありますが、状況によっては逆効果になる事もあるのです。

集団のなかでトラブルを起こしやすい彼らは、親や教師が困り果てた結果、病院に連れていかれて、診察を受けることがしばしば。そして一部の子はＡＤＨＤ（注意欠如・多動症）などの診断を受けて、薬を処方されます。自分の意思とは無関係に、親や教師の都合で治療を受けた結果、「薬を飲んでから先生に叱られなくなった」と言う子どももいますが、一方で「自分ではないみたい」「いろんなことが考えられなくなった」と述べる子もいます。

そんな彼らですが、広い自然の中に連れていけば、その特性はむしろ良い方向に向かうことがしばしば。大人の我々が見つけられないようなものを発見しては、そこに集中し、徹底的に調べる小学生が多くいます。

たとえば、小学校4年生のM君は、いわゆる落ち着きがない子でした。何にでも興味を示して、空気を読まずにいつでも質問してしまう。先生の目には、授業を進めたいのに、いつもその進行を妨げる子に映るかもしれません。それでいて何かに集中すると、途端に周囲のことは目に入らなくなり、親に食事やお風呂を促されようとも、全く無視してしまう。

既存のルールからすれば、確かに問題児かもしれない。しかしその一方、好きな課題に対しては、小学生とは思えないレベルの、充実したレポートを仕上げてくる。まったく驚かされます。

だからこそ、彼らのやりたいことの壁となるのでなく、まずは放っておいて、観察してみてください。大人の視点では見えないものに、色々と気付かされるはずです。

勉強の壁——読み書きが苦手な子どもとどう接するか

日本の学校の授業では、教科書を読みながら、黒板をノートに写すことが基本になります。どの学校に行っても廊下には音読の声が響いていますし、先生の板書を一所懸命に書き写す姿が見られます。

しかしその風景の中に、少なからず苦しんでいる子がいることに、どれだけの親や教師が気付いているでしょうか?

授業を真面目に聞き、自宅で宿題をきちんとこなせば、それだけで読み書きなどの能力は身に付く。その考えを前提として、教師は一斉授業を当たり前のように続けてきました。たとえば、授業中に手を挙げて、よく発言するB君。しかし、試験になるとなぜか点が取れません。なぜかと言えば、彼は「字を書くこと」そのものが苦手で、それに人一倍、時間がかかってしまうからです。

特に漢字が苦手で、全て平仮名で解答するため、本来もらえているはずの点数ももらえません。他の友達が15分で終わる漢字の書取りのドリルでも、1時間かかってしまう。決して努力をしていないのではなく、毎日泣きながら宿題をこなしているのですが、点数は変わらない。そのため、親からはもっと勉強しろと言われ、学校では評価が低い。

「頑張っても無駄」「報われない」。それが続けば、人は努力するのを諦めて、だんだんと無気力になってしまいます。その状態をアメリカの心理学者であるセリグマンは「学習性無力感の獲得」と呼びました。

読むことについても同じような状況があります。日本の学校では音読を重視しますし、子どもたちが順番に教科書を読んでいく光景は昔から変わりません。でも声に出して読むことそのものが苦手な子にとっては大変な苦痛です。漢字ごとに引っかかり、先生に教えてもらって、なんとか読み進める姿をクラスの友達に晒されるわけで、それでは自信も自尊感情も低下してしまう。

小学校低学年などの場合、文字と音が一致することを学ぶという意味で、音読の価値はあると思います。しかしそれ以外の場合、たとえば「文意を理解する」という目的だけ果たそうとする場合など、音読はマイナスに働きます。確かに、文章の意味を考えるよりも、声を出すことの方に集中しなければならないなら、意味は取りにくくなる。大人の皆さんも、本を読む際、一度音読してみればそのことを感じるかもしれません。

書くこと、もしくは読むことが苦手な子どもたちの多くは、頭の中で答えが分かっていても、なかなか点に結び付かないのですから、そのストレスの大きさはいかほどのものでしょうか。

図表1●能力と年齢の変化イメージ

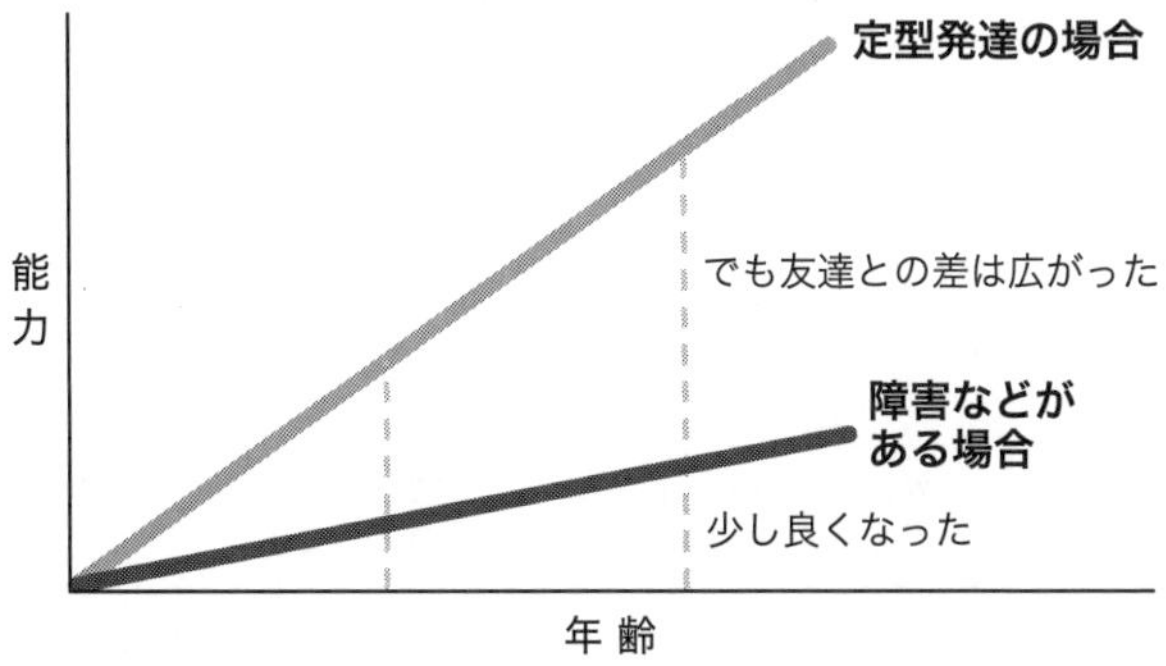

文部科学省が2012年に発表した「通常の学級に在籍する発達障害の可能性のある特別な教育的支援を必要とする児童生徒に関する調査」によれば、こうした読み書きを含む学習面で著しい困難を示す子どもが、小・中学校の生徒のうち4・5％も含まれるとされます。特に不登校傾向のある子どもの中には、相当数、読み書きが苦手な子どもが含まれていると予想され、実際、私たちが行っている不登校傾向のある子どもを対象にした「異才発掘プロジェクトROCKET」の参加者のうち、実に約20％の子どもたちが、書くことに対して苦手意識を示していました。

今の教育では、彼らに対して、とにかく読む練習、書く練習をさせますが、その効果は限定的です。図表1に示しましたが、学齢が上がるにつれて徐々に上手になるものの、速度的に大きな改善が見られない子どももいます。

それでも、親や教師から見れば、少しずつできるようになったと認識するかもしれませんが、当の子どもからすると、ほかの子どもたちとどんどん差が開くように感じてしまう。そして学校の授業や宿題が、さらには学校そのものが彼らの大きな壁になっていくわけです。

公平性の壁――ICT機器の力を借りればいい

では読み書きについて、いくら頑張っても、特性的にその能力が向上しないとしたら、どうすればいいのでしょうか。読み書きは日常生活になくてはならないものでもありますし、見守っているだけで解決するものではないかもしれません。

ただ、読み書きが苦手なせいで成績が悪いことが問題なのであれば、パソコンやタブレットなどのICT機器を使って授業に参加し、試験を受ければいい、などと考えるのは乱暴でしょうか？　実際、大人の生活を見わたしても、鉛筆やペンなどの筆記用具を使い、直接字を書く機会がめっきり少なくなっていますし、そこまで特別なことだと筆者自身はまったく考えていません。

15年ほど前のこと。筋ジストロフィーを持つ高校生のC君から、筆者のところへ相談が届きました。内容は「僕は文字が書けないので、日常的にパソコンを使ってノートを取っているのですが、パソコンを用いて入試を受けることはできないのでしょうか」というもの。

C君は、文字を直接書けなくとも、トップクラスの大学を狙えるほどに学業成績が優秀だったため、高校の先生たちと相談し、受験を考えていた大学へ要望を伝えることにしました。そうしたところ、以下のような返答が戻ってきました。

- 個室での利用であればパソコンの使用を認める
- ただしワープロ機能は、漢字変換ができるため、ほかの受験生との公平性が保てないことから使用不可
- ペイントソフトを用い、マウスで文字を書いて解答するのであれば認める

私たちはこの返答に啞然としました。「マウスを使って文字を書く」という条件が、彼にとってどれだけ大きなハンディとなるのか、大学は本当に考えたのでしょうか？

確かに当時はまだ、障害の有無だけで排除を検討せず、個人個人の持つ事情に合わせて調整をするという「合理的配慮の提供」といった考えが、さほど社会に浸透していなかったよ

うに思います。それにしても「漢字の読み書き」という、入試における数問での公平性の確保を盾に、差別や排除をしているとは思わなかったのでしょうか？　結局彼は、第一希望であるその大学に不合格となり、ほかの大学へと進学しました。もちろん、落ちた理由は分かりませんが、公平性とは何かをあらためて考えさせる出来事でした。

２００７年から、我々は「DO-IT Japan（doit-japan.org/）」を始めました。このうちの一つに、障害を持つ学生が高等教育機関で学ぶ機会が少ないため、それを打破すべく、彼らがＩＣＴ機器を使い、受験するのを応援する活動があります。

DO-IT に選抜された学生たちは、機器を貸与され、そこで自分に合ったソフトを入れ、学習し、各試験に臨みます。受験前には配慮申請を行うのですが、その部分は私たちの知見によって補っていく、というものです。

２００７年当時、日本学生支援機構の調査によれば、高等教育機関で学ぶ障害を持つ学生は５４０４人（０・17％）でした。現在（２０１９年度）ではそれが３７６４７人（１・17％）と増え続けています。試験についても、かつてはほかの受験生との公平性が保てないとの理由からパソコンなどの情報機器の持ち込みが禁止されていましたが、障害者差別解消法により「合理的配慮の提供」が国公立機関に義務付けられたことで、入試でもパソコンの利用が認められるケースが増えました。

今では肢体《したい》の不自由だけでなく、読み書きそのものを苦手とする子どもに対しても、少しずつですが、理解が広まり、ＩＣＴ機器を活用する事例が増えています。国は、全国の小・中学校の全児童生徒にタブレットを配布し、学校のＩＣＴ化を進めるという「ＧＩＧＡスクール構想」を推進していましたが、ここにきてコロナ禍もあり、20年度末までにほとんどの自治体が導入をすることになっています。定着という意味ではまだ時間がかかりそうですが、ＩＣＴ機器を使って学び、試験を受けるという意味での壁はこの先、徐々に低くなっていくのではないでしょうか。

なお子どもの頃にたびたび聞かされた言葉というものは強い影響力を持ち、そこから離れるのにはかなり苦労します。

そのため、読み書きそのものに苦手があろうと、とにかく「勉強することが良いことだ」と聞かされて育った子どもは、その言葉が消えません。読み書きに障害を持つと診断され、ワープロの利用を勧められようとも、手書きにこだわる子が少なからずいます。「だって、僕は字を書けるから」と言い、頑なにワープロを拒否し、ほかの子どもたちより、ずっと長い時間をかけて宿題に取り組んでいる子を目の前にすると、心が痛みます。

友達の壁――友達はその場にいるとは限らない

「友達ができない」と悩む子がいます。そして、その中にはいじめにあっている子どもが少なからず含まれます。

でも本当に、彼らに友達は「できない」のでしょうか？　もしくは「必要」なのでしょうか？　以下、そうした考えを深める事例をいくつかご紹介したいと思います。

〈周囲と合わずに孤立してしまう子の場合〉

今学校に行くと、休み時間の会話はゲームの話題で持ちきり。ゲームに興味がない子だとなかなかその輪に入っていけません。

たとえば小学校5年生のD君は、キノコに夢中で、ゲームにはほとんど興味を持っていません。そのため、休み時間などにも、自分で採集したキノコを友達に見せたくて仕方がない。しかし、ゲームの話をしたい子ども達にとって、それは時に邪魔になります。懲りずにキノコの話を持ちかけていましたが、相手にされず、逆にいじめられるようになり、次第に学校から足が遠のいてしまったそう。

ある日、そのD君から「友達をどうやって作ればいいでしょうか?」と相談されました。そこで筆者が「友達なんか、学校の中で無理に作らなくてもいいじゃない?」と答えると、D君はとても驚きました。近くにいたお母さんも「そのことばかり話すようになるので、キノコの観察をやめさせようと思っていました」と言います。

「キノコのことを理解してくれる友達は、狭い校区の中にはいないかもしれない。でも日本全国を見たら、キノコ好きの子はたくさんいる。世界ならもっと多いかもしれない。だから君はグローバルに友達を作ればいいんだ」と言うと、親子でほっとした顔になりました。

考えれば、もちろんD君が悪いわけでも、実はほかの子どもたちが悪いわけでもありません。たまたま興味が合う友達が彼のまわりにいないだけなのです。そして興味が違えば、話の輪に入れないのも、仕方がないことなのかもしれません。

一人になり、仲間外れになっても、好きなことを続けていられるD君は、明らかにユニークな存在です。それなのに、親が「変なことばかりに夢中になっているから友達ができないんだよ。早くやめなさい」などと言っていたら、彼のユニークさの先に生まれるであろう才能までつみ取ってしまうかもしれないのです。

〈こだわりの強さで孤立してしまう子の場合〉

物の置き方、靴の揃え方、食事の順番など、細かいことが気になって仕方ない子どもがいます。周囲からすると、どうでもいいようなことかもしれませんが、それが気になって仕方ないのです。

たとえば本は、角がきっちり揃って棚に並んでいないと落ち着かず、数ミリだろうとずれていることは許せません。その注意力を「大したものだ」とまわりが思えばいいのですが、小さいことにこだわっているように見え、たいていの親は心配になってしまいます。気が付くと「やめなさい」と言ってしまいますが、子どもは真剣で、それこそ棚の本全部をきれいに揃えるまで気が済まない。無理にやめさせようとすれば、大声をあげて抵抗する。親とすれば、あまりに言う事を聞かないため、ついには体罰に結びついてしまうケースもあります。

確かに集団への適応を考えれば、周囲が不安になる気持ちは分かります。また、その不安さから背景を調べれば、「強迫症状」といった病的なものが疑うべき要因として挙がってくるので、親の側はますます心配になっていきます。

もし子どもが、そういったこだわりを「やめたいのにやめられない」と悩んでいれば、必要次第で専門家に相談してもよいでしょう。しかし、本人が納得いくまでやりたいと思っているなら、それが終わるのを待って「良くやった」と褒めてあげることも実は大切です。

実際、そのこだわりを活かし、大人になって活躍している人はたくさんいます。たとえば著名なロボットクリエーターである高橋智隆さんは、幼稚園の頃、画用紙に真っ直ぐな線を引けないことに納得いかず、失敗しては画用紙を捨てるということを繰り返していたそうです。

勿体《もったい》無いと言えばそうですが、そのこだわりの中で上手に線を引くことを覚えたそうで、今もそのこだわりが残り、それがロボット製作へ良い影響を与えています。一見、迷惑ととられそうなことでも、周囲がそれを認めて気にしないだけで、才能を発揮できるわけです。

最近ではそんなこだわりの強い子を「発達障害（神経発達症）」、その中のＡＳＤ（自閉スペクトラム症）と診断することが多いようです。しかし、そうした診断を受けたことで、周囲が多少安心することがあったとしても、特性をすぐに修正できるわけではありません。修正するために強く叱り、親子の心に傷を残すより、まずはその特性を認め、むしろ活かせるようにした方がお互いに幸せなのではないでしょうか。

〈攻撃的で孤立してしまう子の場合〉

小学校5年生のE君は生きものが大好きです。家のまわりで生きものを採取しては部屋の中に持ち帰り、飼育しています。

メダカやカブトムシなら周囲も理解できるかもしれませんが、蛇やトカゲ、毛虫やゴミムシまで、なんでもとなると反応も変わってきます。でも「危ないから」と言っても聞く子ではなく、注意したらしたで、「なぜダメなのかきちんと説明しろ。法律にでも書いてあるの?」などと理屈をつけて、攻撃的に言い返してくる。自分にとって都合の悪いことは忘れ、都合の良いことだけを覚えて言葉尻を捉えてくるので、大人もお手上げ。「ハラスメントで訴えてやる」とまで言うので、腫れ物に触るように接するようになりました。もはや、お殿様状態です。

生きもの好きの友達と話をしても、自分の知識と違うことを言われれば、修正してしまう。もし相手が反論してきたら、相手が屈するまで、徹底的に反論し返す。その結果、友達は離れていきますが、寂しくなって同級生に接近してはトラブルを起こす。その繰り返しでした。

確かに多くの人は、自分と違う意見を聞き、それを認めるのを嫌います。ですが、ほとんどの人は攻撃にまでは出ない。E君はその傾向が強いわけです。

親とすれば「自分のしつけが悪かったのでは」と心配しそうですが、必ずしもそういうわけではありません。E君の場合「自分が周囲から認められないのではないか」という不安が強かったのだと思われます。認められたいという気持ちから声をあげ、相手を攻撃し、パニック行動のように受け取られてしまったわけです。

なお周囲の環境により、その特性の出る程度は変わります。穏やかな人たちによる少人数の集団の中なら自然と衝突は減りますし、関わり方を変えるだけでも衝突は減ります。特に自閉傾向の強い子なら、周囲は否定する言い方を避けるとよいと言われています。

たとえば「この椅子に座ったらダメ」と言うより、「この椅子以外の椅子に座って」と工夫して指示する。そのうち成長して視野が広がり、他者についての理解が進むことで、自然と納得できるようになってきます。

心に傷を残さず、かつわがままにさせず、寄り添う。その中で、お互いに安心感が生まれます。急に修正するのでなく、ゆっくり時間をかけて見守り、また本人がコツコツと続けられるような対象があれば、それだけで自信につながり、不安も低減します。

子どもが興味を持つ分野の専門家が身近にいたら話を聞いてもらうのもいいでしょう。専門家並みの知識や関心を持つ子どもに会う機会については、専門家も嬉しいものですし、しっかり褒めてくれます。間違いがあれば、それを指摘してくれることでしょう。不思議なことに専門家を前にすると、子どもも敬意を持って話します。普段は攻撃的な子どももそれほど怒らないと思いますし、彼らにとって、とてもよい経験になるはずです。

障害の壁──「問題があるから治療」で果たしてよいのか

自分の子どもが発達障害の診断を受けた、と相談される機会が増えています。国が積極的に発達障害支援を進めているという影響もあるのかもしれません。

なお私自身の考えを記せば、単にユニークなだけの子どもまでが発達障害の診断を受け、治療を受ける機会が増えているようにも感じており、そうした流れには危機意識を持っています。

もちろん社会に適応できず、子ども本人が困っているケースもあるでしょう。しかし、多くの場合は本人ではなく先生や親が困っているだけ、というのが現実です。子どもが一人で好きにしている分には何も問題ない。なのに、集団に適応するために治療が行われている、というのが実態ではないでしょうか。

幼稚園や小学校のような一斉指導の場で、勝手な行動は認められません。事故が起こるのを防ぐ、また、他児の学びの妨害とならないため、結果として立ち歩きや発声、攻撃行動などを持つ子どもは、投薬治療やソーシャル・スキル訓練（ＳＳＴ：Social Skills Training）を受けるのが一般的になりつつあります。

しかし大人の立場として困る特性の多くは、実は子どもの持つユニークな個性であり、才能でもある。私のまわりにいる研究者を見ていると、空気を読まない、集中力がすごい、こだわりが強い、思考が面白いほど拡散している、といった人たちばかりです。そしてその特性があるからこそ、ユニークな研究ができているわけです。もちろん、周囲が支えてくれる環境があるのが前提とはなりますが。

少し前なら、個性の強い子も、ある程度まで集団の中で許容される雰囲気がありました。しかし、今の社会では基本的に「人と違う」行動は許されず、子どもたちも相当なストレスを感じているはずです。個性の強い子は、果たして本当に治療されなければならないのでしょうか。

このまま早期から子どもの治療を続けていく時代が続くと、おそらく個性が乏しくなる分、画期的なイノベーションが起こりにくい社会になる気がしてなりません。

ユニークな子どもたち、その全てを障害と認定し、性急に治療する、という考えはとても危うい。むしろもう少し、ゆるやかに支えていくことが重要です。彼ら自身を修正するのでなく、環境の方を許容できるものに調整できれば、個性を伸ばしながら、成長することは十分可能なのです。

探求の壁――苦手なものは夢中になれない

学校で子どもがする勉強の多くは、テストの点数や宿題の評価といった、外発的な動機付けによってモチベーションが高められていることが多いと考えられます。特に、受験をする子となると尚更です。

学校教育においては、外からの報酬などの外発的なものだけでなく、それぞれの好奇心などからくる能動性、あるいは内発的動機付けを高める工夫が求められていますが、時間割で管理された教室の中でそれを高めることは、容易ではありません。

生来、自由な時間の中で、子どもは環境の中から面白いものを探し、内発的な動機付けで勝手に活動しています。自由にしておくうちに、砂山を築いたり、きれいな葉っぱを探したり、面白い形の雲を見つけたり、アリを追跡したりと時間を忘れて集中します。今は大人になった皆さんにも同じような経験があったと思いますが、その場合、子どもたちに大人からの賞賛やご褒美があるわけではなく、自分の興味だけに従い、集中しているわけです。

しかし、都会でそうした光景を見ることはかなり少なくなった気がします。忙しく動く社会の中、興味に基づく行動を引き出し、それを容認する余裕が親にもありません。

声かけといえば「そんなことをすると怒られるよ」「無駄なことはやめて勉強しなさい」といった言葉ばかり。年齢が上がるにつれて、その圧力は強くなっていきますが、その中で子どもの内発的動機付けが萎《しぼ》み、自分の世界へ閉じこもっていくわけです。

もし勉強の苦手な子どもが家に連れ戻されて、無理やり机に座らされたら、どうなるか。多くは親に口ごたえをして、勉強を拒否し、ゲームやネットに逃げ込んでしまいます。

なお学校の試験と同じように、ゲームも彼らの行動を得点で評価しているのに、好んでそちらへ逃げ込むのはなぜか。それはゲームの場合、目標が細分化され、簡単なものから達成できるようになっているので（このことを「スモールステップ」と呼びます）、少しずつ強化し、途中で失敗しても人に知られることなく、何度でも繰り返すことができるからです。そのため、達成感の得られにくい勉強に比べ、ゲームに対する外発的動機付けが一層高まっていくというわけです。

テレビすら家に無かった時代だと、部屋に籠もってしまえば、ほとんど何もありませんでした。やることの無さに退屈した子ども達は、外に出かけて何かに挑戦します。小石を池に浮かぶゴミに命中するまで投げたり、紅葉した葉っぱの中から気に入ったものを集めたり、点数で評価されることはなくても、その時、自分の関心が向いたことに没頭できる時間が残されていました。

学校の勉強が苦手な子ども、授業態度を叱られる子ども、コミュニケーションができない子ども、いずれもそれが好きでそうしているのではありませんし、努力を怠ったわけでもありません。それぞれが子どもたちの特性に合っていなかったのであって、合わないものは皆、苦手なのです。

私たち大人も苦手なことが続けば、意欲が下がり、自分の世界に入り込もうとします。場合によっては好きなことに逃げ込むでしょう。中学1年生のP君は、ゲームがそれほど好きではないそうですが、ほかにできることもないので、やむなくやっていると言います。関心を向けられるものがないから、ゲームに逃げ込んでいる、というわけです。

ゲームの壁その1――ゲームに夢中だから「意欲がない」?

ゲームと言えば、はまりすぎたために親から禁止を言い渡されると、とたんに暴れ始める子どもがいます。そんな子どもの親からは「幼い頃は良い子だったのに」「ゲームになると人が変わる」「ゲーム以外は寝てばかりで、意欲がなくなってしまった」といった悩みを聞きます。

異常と言うほどゲームにはまった子どもが抱える問題を解決するのは、そう簡単ではありません。解決を図りたいなら、ゆっくりと問題をひもといていくのが前提です。それなのに、子どもを否定し、ゲームを否定してしまえば、子どもとの会話も成立しなくなる。

「ゲームしかしない＝意欲がない」と捉える人がほとんどですが、実際には、とても意欲的にゲームに取り組んでいるわけです。たまたま、その取り組む対象が親の期待と離れているから、そのような表現になっただけ。見方を変えれば、「暴れる＝エネルギーがある」と考えることもできるかもしれません。

では、先にも少し述べましたが、なぜゲームには意欲的になれるのか、ここで整理してみましょう。たとえば以下のような点が考えられるのではないでしょうか。

- ゲームには子どもの興味を引く魅力的な要素が多く含まれている
- 本などより、直感的で分かりやすい
- 失敗しても何度でも繰り返し挑戦できる

・授業のように失敗したことが他者に伝わり、笑われるような機会は少ない
・できたことに対して点数を通じ、分かりやすく評価してくれる

読み書きが苦手で、学習が遅れている子どもなどの場合、学校ではなかなか評価されない状況が続きます。それだと、最初は頑張っても長続きしません。色々な理由をつけて宿題をしなくなり、「勉強しなさい」と言えば「分かっている」「簡単すぎる」など、さまざまな言い訳をし始めます。

もし読み書きについて障害を持っていれば、反復学習をしても大きな効果が出ませんし、それによって自信を失います。彼ら自身が苦手なことから逃げているわけではありません。苦手の存在を理解しようとしない、大人の側にも問題があるわけです。

では具体的にはどうしたら解決に近づくのでしょうか？　それにはちょっとした工夫が必要です。

勉強が苦手であれば、内容をその子どもの能力に合わせるよう、個別化する。漢字が苦手なら、解答を漢字で書かず、平仮名で書いても点数を与える。筆算が苦手なら電卓を認める。そうした工夫をするだけで、勉強机に戻ってくる子どもは一定数いるはずです。

残念ながら学校は、みな一律に同じ宿題や問題を出すことこそが平等で、大切であると認識しています。ユニークさを尊重するような筆者の提案が、学校で認められる素地はまだ十分ではありませんが、これからの時代、より個々の能力や学び方の多様性への理解を求めていくことが必要になるのは確かだと思います。

ゲームの壁その2――自己規制が不可欠

もう少しだけゲームの話を続けます。

現実を見れば、スマホの浸透もあり、子どもがゲームに費やす時間は増えています。子どもがぐずるので、ゲームを与えておとなしくさせた、コロナで自宅に閉じこもらざるを得ない子どものストレス解消のために新しいゲームを買ったなど、親側が要因となっていることも少なからずあるかもしれません。

ゲームを禁止された子どもからすれば「なぜ今になってそんなに目くじらを立てるんだ。これまでゲームしていたら『おとなしくしているね』と褒めてくれたじゃないか」という気持ちになるかもしれません。親が買い与えなくても、遊びに行く友達の家にはゲーム機があって、そこで遊んで好きになる子もいます。

今や、ゲーム抜きで子育てを考えるのはむしろ非現実的です。そう考えて、夢中になった子どもを責めるだけでなく、なぜ子どもがゲームに夢中になれるのか、ということを理解した方がよいと筆者自身は考えています。

国際的な学習到達度を測るものとして、OECDが進める「生徒の学習到達度調査（PISA）」があります。これは各国・地域について、約60万人の15歳（日本の高校1年生）の生徒を対象に実施されている調査ですが、2019年12月に発表された結果を見ると、OECD加盟37カ国中「コンピュータを使って宿題をする国」で日本は最下位。一方「1人用ゲームで毎日、及びほぼ毎日遊ぶ率」は第一位となっています。

また、2019年に国立病院機構久里浜医療センターが行った「ネット・ゲーム使用と生活習慣についてのアンケート」によると、回答した10～29歳の5096名のうち、「平日1日のゲーム時間が3時間以上」と答えた男性は24・6%、女性は10・4%にも上っていました。また、長時間ゲームを行う人ほど、生活や睡眠にまで影響が出ていることも結果として示されています。

筆者が知る、中学校1年生のS君はその典型かもしれません。彼は食事もとらずにゲームをし、オンラインでのチーム戦を楽しんでいます。「ゲームしすぎ」と親が注意をすれば暴力を振るうし、大人が参加するオンラインゲームだと始まるのが夜遅くになることが多いため、生活も昼夜逆転してしまいました。

彼ほどにはならないまでも、同じように生活をゲームに振り回されている子どもは決して少なくありません。何とか朝起きて学校に行く子どももいますが、不登校の生徒の場合、歯止めが利かなくなります。

今や一部のゲームは「eスポーツ」と呼ばれるようにもなり、その道のプロが生まれるなど、注目を集めている部分もあります。しかし、子どもとゲームの接し方については、導入の仕方によって、その成長や生活に大きな影響を及ぼすことも明らかで、2018年にWHOが発表した「国際疾病分類（ICD-11）」の中には「ゲーム障害（Gaming Disorder）」が入っています。

香川県では「香川県ネット・ゲーム依存症対策条例」を2020年4月より施行。18歳未満を対象とし、ゲームの利用時間を1日60分、休日は90分まで、スマホについては中学生以下が21時まで、それ以外は22時まで、といった目安を設け、家庭内でのルール作りを促しています。

外国においても子どもへの影響を懸念し、規制している国まであります。早期から対策を進めているのは韓国で、2011年には、16歳未満の青少年が午前0時から午前6時までの間、オンラインゲームにアクセスできないようにする「シャットダウン制度」が導入されています。

ただし、先述した通りですが、ゲームや動画閲覧などのオンラインサービスは、すでに私たちの生活に浸透しており、またそれによるメリットが大きいのも事実です。その現実を無視して行うような一律の規制は、一時的に行動を抑制するに過ぎません。導入の段階からよい共存ができるよう、親がその方法を知り、子どもに伝え、彼らが自己規制できるようになっていくことの方がずっと重要です。

登校の壁――大切なのはその背景

令和元年度「児童生徒の問題行動・不登校等生徒指導上の諸課題に関する調査」によると、小・中学校の不登校児童・生徒は18万1272人（1・9％）と調査以来、過去最多になっています。

さらに、日本財団が2018年に実施した「不登校傾向にある子どもの実態調査」によると、保健室などに登校して教室に入らずに帰るケース、及び教室に来ても授業に参加していないという「仮面登校」を含めれば「不登校傾向にあると思われる中学生」は全中学生のうち10・2％、約33万人にも上ると推計しています。この数値からは、学校そのものの壁が高くなってきているように感じられます。

国は2016年に「義務教育の段階における普通教育に相当する教育の機会の確保等に関する法律」(教育機会確保法)を成立させ、不登校に対する態度の転換を図っています。それまでの学校では「不登校児童・生徒を学校に登校させるにはどうすればいいか」といった議論が中心でしたが、法律を機に、今では「学校に馴染めない子どもの新たな学びの選択肢をどう確保すべきか」に軸足を移しています。

しかし未だに「皆勤賞」という考え方が世の中にはあるように、幼い頃から「休まずに学校に行くことは良いことだ」と教えられてきたため、学校に行けない自分を責め、悩む子がいます。クラスでいじめられていても、強迫観念に取り憑かれているかのように、無理やり登校する子もいます。一方、筆者の周囲には「もう学校には行かない」と気持ちを切り替えたら、とても楽になったという子もいました。

しかし学校に行かないことを選んだ子たちの前には、現実として進学や入試といった形で厳しい「学校の壁」が待ち構えています。特に高校入試では内申書を重視する学校が多いので、内申書を、生徒を登校させるための取引材料のごとく認識している中学校もあります。

不登校である中学生のOさんから、辛いけれど毎日校門まで行き、そこから家に帰っているという話を聞いたことがありました。「なぜそんな意味のないことをするの？」と筆者がたずねると、「校門まで行けば欠席扱いにならないと担任の先生に言われたから。欠席が多いと内申書に響くので」と話してくれました。

内申書を武器に、不条理極まりないことを生徒に強いる。その背景には、「不登校＝甘えや生活習慣の乱れ」だと、教師側が紋切り型に考えているという事実があるでしょう。ただし振り返れば筆者も、かつてはどこかでそのような意識を持っていましたし、だからこそ「甘やかしてはいけない」と考える先生たちの気持ちも分からなくはないのです。

たとえば不登校だった子どもの家庭教師を務めていた際、彼の家に朝早く起こしに行き、学校に送り出していたことがあります。続けているうち、確かに子どもは学校に行けるようになりました。

しかし、それは現象としての不登校を変えただけ。そして「送り出せばそれでよい」と認識していたのは、「学校に行かない子どもにも色々な事情がある」と考えられるだけの経験や勉強をしていなかったからにほかなりません。その本質的な問題を捉えていなかったためか、家庭教師先の子どもは、すぐまた不登校になってしまいました。

家にずっと籠り、ゲームばかりしているのはさすがに不健康です。不健康である以上、病院に連れていって治療を、と考えるのも、もちろん気持ちとしてはよく分かります。

でも結論を言えば、それですぐには治りません。そもそも治すものでもない。大人にできるのは、子ども自身が学ぶ力を出し、一人で歩き出すのを見守ることだけです。

事実として不登校になってしまっているのなら、週に一度は、親子で堂々と日中に外出すればいいのではないでしょうか。その外出も、必ずしも目的を用意する必要はありません。ただ単に、息子や娘と外出するのが楽しいから出かける。そんな余裕のある楽しい親と一緒なら、子どもも安心するでしょう。そうしているうちに、問題を解決する糸口も少しずつ見えてくるはずです。

能力の壁――ギフテッドという言葉に苦しむ子どもたち

小学校2年生のF君は、幼稚園の頃から習い事や塾に通い、知識も感受性も豊か。挨拶がきちんとでき、受け答えもしっかりできる、とても気持ちの良い少年です。でも、クラスの友達とはあまり仲良くありません。

こんな子が学校でうまくいかないのは、友達や環境が原因というよりも、F君自身に子どもらしさがないからかもしれません。同世代が好きなアニメやゲームには興味がなく、環境問題や遺伝子の話をしたいと言うのだから、ほかの子どもと遊ぶのが難しいのは当然です。

親に話を聞けば、「学校の勉強が簡単すぎて、彼に合っていない」「アメリカだったら飛び級できるのに」「特別な能力を有するギフテッド向けの教育が日本にない」といった不満が口をついて出てきます。学校と話し合いを持っても、話がすれ違い、転校に至る親子も少なからずいます。

ギフテッドとは、生まれつき持つ、突出した能力を表した言葉です。性格や認知特性などとギフテッドの関係は明確ではありませんが、異才・異能の人たちのエピソードを聞くと、その関連は大きいと感じます。

たとえば、性格的にこだわりが強い結果、集中して課題に取り組むことができ、結果として能力が伸長する、子ども同士のコミュニケーションは苦手な反面で、大人のいる環境を好むようになり、それで年齢に比べて能力が伸長するなど、それぞれの持つユニークさが影響している事実はあるかもしれません。

ギフテッド教育についてはコラム❶にまとめていますので、そちらを一読いただくとして、一方で都会では、幼稚園の頃から受験を想定し、子どもに勉強をさせる親が多くいます。

２００７年に駒澤大学が発表した「子どもの教育に関する実態調査」では、都内の小学校受験経験率は８・９％となっています。なお、小学校受験のための訓練や勉強は、知的反射神経を鍛えるような課題が中心で、知能検査の問題にも類似したものがあります。つまり、知能検査を受けると年齢相当以上の課題をこなすことになるため、必然的に成績が高くなり、ＩＱ（知能指数）も高く出る可能性があるわけです。この場合、早期教育の結果と言えるのですが、それだけを根拠にギフテッドと判断していいかと聞かれれば、疑問です。

自分をギフテッドと認識しているような子どもが学校に馴染めない場合、当然ですが、親は我が子を守ろうとします。子どもの味方をし、理解してくれない周囲や学校を批判し、ますます孤立するケースもあります。

それでも、順調に大学入学や就職まで進めば問題はないのかもしれない。しかし、中には学年が上がるにつれて、ほかの子どもに追い抜かれていく子がいます。その状況は、抜かれていく親子にとって大変に辛いことです。

成績が低下すれば、親や学校は「子どもの努力不足だ」と責めるでしょう。子どもとしては「自分はギフテッドだ」と思っていたのに、それまでの評価が親からも学校のテストからも得られなくなるわけです。

そうなると、幼少期から「どんなに高いハードルがあっても越えられる」と信じていた子どもほど、越えられる以上のものに向き合うことに、大変苦悩することになります。

ですので、もし今勉強ができる子がいても、あまり褒めすぎないことは大事で、逆に、努力をして結果が出なくても、見放さずにきちんと見守る。そうする中で、子どもは自分に合ったハードルを設定し、越えていくはずです。

リアリティの壁——家から外に出ないと見えない世界

「はじめに」にも記しましたが、今学校に適応できていて、学校生活にまったく問題がないように思える子どもも、「未来を生き抜く力を身につけているか」と考えると、心配になります。

現在の日本の社会は、安心・安全かつ高齢化を見据え、その意味で成果を上げていると思いますが、反面、ぬるま湯のようになった環境で子どもが育つのは、彼らが本来持っていた危機感知や対応力を学ぶチャンスを奪ってしまうように思えます。たとえば筆者が子どもだった時代を思い出せば、頻繁に停電しましたし、機械類もよく止まりました。でもそんな体験は、今の日本の子どもたちの毎日から消えつつあります。そして、そうした社会の変化が、結果として子どもの能力を奪いかねないのです。

ベネッセ教育総合研究所の「放課後の生活時間調査」によると、子どもが外に出て活動する時間が減少しているそうです。塾などの習い事の増加で自由時間が減っているのはもちろん、ゲームやYouTubeのように子どもを引きつけるツールが家庭に入ってきていることも大きく影響していると考えられています。

それに加えて、足元では新型コロナウイルスの流行もあるでしょう。

子どもたちは、未曽有のトラブルの中、現実世界での生活を意識しにくい状況に追い込まれています。加えて誰かが撮影した映像で、あるいは、ゲームの中の空間で、外に出て活動した気持ちになれるほど、リアルに近い、素晴らしいコンテンツも多くあります。しかし、もちろんそれらは空気や湿気、匂いなどを届けるまでに至っていません。

そんなものは必要ないと言われるかもしれませんが、地球の上で、現実世界の中で、自然を意識しながら生活する、その経験を失っていくのはとても恐ろしいことと言えます。「自然環境を守ることが大切だ」と言われても、外に出たことのない子どもたちに、その実感はないでしょう。これは外に出る必要が減っている先進国ほど、抱えがちな問題なのかもしれません。

一方で開発途上国の子どもだと、逆にリアリティを強く感じながら生活しています。高校生になるK君が、「貧困問題を勉強したい時に、どんな本を読んだらいいでしょうか?」と質問してきました。そこで「本を読む以外、どんな学び方があると思う?」とたずねると、彼は「貧困の人が多く住む地域を歩いてみる」と答えました。

でも、それは見ることであって、理解することではありません。そこでK君に「では、まったくお金を持たずに100キロ先の町に行く方法を考えてみて」とまた質問をしてみました。1日かけて考えた彼は、ヒッチハイクを思い付き、実際、恥ずかしさを押し殺してメッセージを掲げ、国道脇に立ったのですが誰も乗せてくれなかったそうです。

これで貧困が分かるわけではありません。しかし、お金がない暮らしを体験したことのまったくない若者が、恥ずかしさといったハードルを前に、お金のないことの辛さを感じたことは事実です。

今の親世代は、子どもの時に「外にばかり遊びに行くのでなく、たまには家の中で読書しなさい」などと言われたかもしれません。しかしこれからは「家の中にばかりいないで、外に出て遊びなさい」と子どもに言わねばならない時代なのです。

親の壁――過干渉と過保護の先にあるもの

子どもが生まれると、多かれ少なかれ、親は頭の中に子どもの将来を思い描きます。

中には親自身の夢を子どもに託し、実現してもらいたいと強く願う親もいます。自分が果たせなかった夢も頑張れば叶うと信じ、つい過干渉になり、それで子どもに親の望む事を強《し》いてしまうのです。

もちろん、その願いと子どもの夢や特性が合っていればいいのですが、うまくいく話ばかりではありません。親の側が勉強や習い事に一所懸命でも、一向に伸びない子どもは必ず出てきます。

そんな子どもを前に、夢を託した親は、一層強い圧力をかけがちです。抵抗できない子、もしくは頑張っても絶対に越えられない壁を前にした子は、受け身となり、自信と意欲を失っていくわけですが、それがさらに親のイライラを招いてしまう。

この時期、強く責められたことが心の傷となり、大人になって引きずる人もいます。パターン化した勉強や運動を強制されて、それには秀でたとしても、自由に、能動的に動くことに強く恐怖を感じる人もいます。さらには親に反発して争いを招き、家庭内暴力に発展する家族もあります。これらの状況に至った場合、いずれにせよ、親が築いた壁が高すぎた、と言えるでしょう。

また、子どもの可愛さから過保護になる親もいます。可愛いから、子どもの要求はできるだけ叶え、何もかも親が先回りしてやってしまう。その上で本当に優しい、争いを避ける親に育てられると、今度は、家の中にまったく壁のない状況ができあがってしまいます。

確かに、罰は行動を一時的に抑制するに過ぎませんし、褒めて育てることが良いと多くの子育て本には書いてあります。しかし、子どもは素直でおとなしい時ばかりではありません。多くの場合、わがままを言って暴れるので、叱らなければいけない時も必ずあります。

電車で靴を履いたままシートに足を載せ、窓の外を夢中で眺める幼稚園児とその親がいたとします。その場合「やめなさい」と叱り、行動そのものをやめさせる親、「靴でシートを汚したらいけないよ」と諭す親、「ほかの人に怒られるからやめようね」となだめる親、黙ってそっと靴を脱がす親と、対応は色々でしょう。

もっとも親子の間に波風を立てずに収めるのは、そっと靴を脱がすことかもしれませんが、それでは、子どもは何も考えることなく成長してしまう。つまり、先回りする親のせいで、壁がない生活が続いてしまうのです。それで、いざ学校や社会から強く注意されると、子どもが傷つき、泣いて帰ってきたと怒り、クレームをつける親もいます。

でもそういう時には、どうしてそうなったのか、まずは子どもと一緒に考えてほしい。そして傷つけたいから注意されたのではなく、必要だから指摘を受けたのだと受け止めてほしいのです。

もし過保護のために親子の意識が一体化していると、なかなかそうもいきません。だからこそ、どこかで親と子が別々に、客観的にその状態を眺める必要もあるでしょう。そうしなければ、何かあった際に、親子ともども追い詰められてしまいかねませんし、子どもは親がいない場面で、大変に戸惑うことになります。

万が一、外の集団生活の中で指摘されて傷つき、そのまま家に籠もるようなことがあれば、状況はより複雑となります。

学校で不適応を起こした子どもを守るべく、必死に支え、生きる希望を失って死にたいという相手に寄り添い、機嫌をとるために好きなものを買い与えることで安定を保つことができても、それは閉じた安定の中で適応しただけです。もしその先で親から「自立しなさい」と言われる時がきても、本人はどうしていいか分からないから、暴れ出してしまいます。まして青年期に入ってしまえば、修正はより難しくなります。

最近では、80代に差し掛かった親が、50代の引きこもった子どもの面倒を見ている、という現象が起きていて、「８０５０問題」などという言葉が生まれました。これなどは、子どもの頃に社会に弾き出された子どもを親が心配し、保護的に育てた結果なのでしょう。もちろん、ある時期がきたら自立するように促すつもりだったのでしょうが、その力は育たないまま、子どもはすっかり中高年になってしまったとも言えます。

内閣府などの発表によれば、中高年の引きこもりの数は、数十万人に至るとされていますが、その状況を見ても、社会に適合するため、子どもには適度な壁を用意してあげることが重要だとあらためて感じています。

以上、第一章では特に子ども側から見える〝壁〟について考えてみました。続く第二章では親側の壁について、より深く検討をしたいと思います。

コラム❶　ギフテッド教育とは何か

生まれつき持つ、突出した能力を表した言葉、ギフテッド。その教育の先進国である米国では1972年に発表された「the Marland Report」によると「Gifted and Talented」の定義として以下が示されました。

「ギフテッド・タレンテッドとは、一般的知的能力、特異的学術特性、創造的生産的思考、リーダーシップ能力、視覚芸術・舞台美術、精神運動能力の一つまたは複数の領域において、高いパフォーマンスを発揮できる、もしくは潜在的能力を持つ子どもたちのこと」（筆者訳、以下同）

また1965年には「初等・中等教育法（the Elementary and Secondary Education Act）」が制定され、後にその一部に「A Gifted and Talented Students Education Act 32」という項目が加わり、異能・異才を伸ばす「ギフテッド教育」が公的に進められるようになりました。

米国ギフテッド協会（NAGC：National Association for Gifted Children）は、ギフテッドを以下のように定義し、約300万人のギフテッドの子どもがいると推定しています。

「ギフテッドとは、一つないし複数の領域において、傑出したレベルの素質（並外れた思考・学習能力と定義される）や能力（上位10%もしくはまれなパフォーマンスや達成度を示すことと定義される）を示す者を指す。その領域は、独自の表象システムを持つ活動（たとえば数学や音楽、言語）や感覚運動技能の活動（たとえば絵画やダンス、スポーツ）のような構造化された領域を含む」

今では、大学もギフテッド教育を実施し、多くの受講者を送り出しています。ジョンズホプキンス大学では、1979年からギフテッドの才能を評価し、サマー（夏季）、オンライン、インターナショナル、ファミリープログラムからなる「Center for Talented Youth」を実施。これまでに16万人以上の卒業生を輩出しています。また、デューク大学でも1980年から「Duke TIP」をスタート。4～12学年の子どもを対象にした才能発掘プロジェクトを行い、これまでに280万人以上が受けています。

日本におけるギフテッド教育の先駆けとしては、優秀な科学者や技術者の育成を目的とした特別科学教育班と呼ばれるものが、1944年に全国の高等師範学校4カ所に、翌45年には京都高等師範学校にも設置されました。

そこでは全国各地の国民学校の4～6年生、及び旧制中学校の1～3年生の中から物理、化学、生物、数学に秀でた児童・生徒90名を選抜し、高等師範学校や大学の教官が旧制高等学校レベルの教育を行っています。

東京大学の片岡宏教授も「戦時下の特別科学教育について」を通じ、その卒業生の多くが東大や京大などに進学し、活躍していると報告しています（『京都大学　大学文書館だより』第4号）。

第二次世界大戦終戦を迎えると、「差別的で民主主義に反する」との批判から1946年に特別科学教育班の廃止が決定。以降、公教育の中で秀でた子どもに特別な教育を与える考えは避けられてきました。

その結果として、学校教育法では飛び級さえ認められず、英才教育を行いにくい文化が続いてきましたが、近年になり、ギフテッド教育の価値が再評価されると、民間レベルでさまざまなサービスが生まれてきています。

第二章

親の壁

親はどこを見ているのか

接点が減って壁が生まれた

第一章の最後で「親の壁」について記しました。子どもたちをどう育てたらいいのかと思い悩み、あれこれと手を尽くそうとする、ご両親の気持ちは本当によく分かります。でも、それがまた新たな〝壁〟を生み出すことにつながってしまうこともあります。

かつては、子どもの相手をする親以外の大人が、今より多くいたように思います。勝手に畑に入って遊んでいれば「こら！」と本気で怒る大人。「おい、そこの坊主、ちょっと手伝え！」と声をかけては「ありがとよ！」とお駄賃をくれる大人。機械を修理しているところを眺めていると、ニコニコして「ここを触ってみな」と操作させてくれる大人。

地域の大人の皆が声をかけ、少しずつ子どもをかまってくれるような時代がありました。そしてそれによって、親が家庭でできないことを地域社会が担っていました。しかし、そこから急激な社会の変化が起こり、人の意識も社会の制度もついていけなくなっているのが現在です。

まず、社会のスピードがアップしたことで、大人が子どもにかまう時間的な余裕がなくなりました。またロボットによる自動化が進んだことで、体を動かして行う仕事も減り、頭脳労働にシフトする中で、子どもと社会の接点が見えにくくなってしまいました。さらにICTが生活を便利にした反面、情報過多になっており、コミュニケーションの仕方についても世代間で格差が生まれるなど、さまざまな背景から、子育てしにくい時代になっています。

正直、研究者である筆者も「絶対にこれが正しい」という子育ての方法を分かっているわけではありません。この章でも紹介しますが、ユニークな特性を持つ子どもの中には、本当に関わり方が難しい相手もいます。

そんな時はとにかく会話をして、考え、試してみて、また修正する。それが唯一の方法です。相手の間《ま》で話題やきっかけを作らないと、関わることすらできなくなります。逆に、大人の立場から一度でも「不思議な子だな」「面白い考えを持っているな」と感じられれば、そこから深く向き合ってみようと思えるはずです。

理想の壁――自身の夢に振り回される親たち

親が望む理想的な子ども像とは、「健康で元気が良く、明るく賢くて、人に対しては優しく、仲良くやっていける」といったところでしょうか。誰が決めたわけでもないのですが、実際に社会の中でも定着しているように思えます。

ただし、子どもの特性は皆違います。たとえば宿題や受験勉強を難なくこなす子がいれば、苦手な子どもも当然います。人の生き方も、一流大学を出て一流企業に就職すれば〝勝ち組〟という考えはすでに通じなくなり、多様化しています。

それなのに、親はかつての理想像に子どもを近づけるべく、頑張る。そしてここまでにも記しましたが、強制されたり叱られたりすると、それができない子どもの場合、激しく抵抗するか、内に籠もっていくかというふうにいずれかの道を進むことになります。

そもそも「宿題をやりなさい」と言われて、できる子はすぐにやっています。言い訳を持ち出してやらない子は、それなりの理由があるのです。しかし、親は理想追求の手を緩めません。それは、子どもの事情を聞くよりも「うちの子はやればできる」という思いの方が強いからです。

なかにはモノで子どもの機嫌をとり、それでやらせようと考える親もいるでしょう。

たとえば先日、小学校6年生のNさんに「なぜ勉強しているの?」とたずねたら、「勉強したら、お父さんやお母さんがゲームを買ってくれるから」と返答してきました。そこで「勉強って、自分のためにするんじゃないの?」と聞くと、Nさんはキョトンとした顔をしてこう答えました。

「どういう意味ですか？　私の場合、成績が良ければ好きなものを買ってもらえるし、大学にも行けるだろうから、勉強しているのですが……」

この場合、親は「子どもに勉強をさせて良い大学に入れたい」、子どもは「勉強をすれば、好きなものを買ってもらえる」というサイクルの中で安定が生まれています。実際、かつての日本の成長モデルの中なら、それでよかったのかもしれませんが、モデルが崩れたこれからはどうなるのか、やや心配になります。

また、こうしたサイクルが上手くまわっているうちは、そこにトラブルの素が潜んでいることに親も気付きません。まわっているうちはいいのですが一度つまずいてしまえば、たとえばできない宿題が出されたりしたら、途端に安定が崩れ、問題が吹き出してしまう。

親が隣に座って、作業としての宿題を何とか仕上げたとしても、本質を理解し、問題に向き合っていないままですから、同じようなことが続きます。そして続いていくうちに子どもを扱いにくくなり、面倒くさいというより、どうしていいか分からなくなった親は、家庭教師や塾に頼ることになります。

万が一、子どもが不登校などになってしまえば、これはもう大変です。子どもが学校に行かないようになれば、当然、親の仕事にも支障が出てきます。そうなれば理由を考えるより、まずお医者さんのところに行き、「不登校が治る薬をください」と言い出すわけです。即、不登校が治る薬などないとしても、医師は何らかの診断をし、子どもに服薬させ、それで親は安心します。

こうしていく中で、子どもはますます親の理想像から遠ざかっていきます。焦り、病院や専門家を転々とする親もいますが、目先の対症療法に頼り、本質を見ないのはとても危険です。いつまでも夢や理想に向けて、ではなく、目の前の現実を見つめて、冷静に子どもと向き合い、会話をしなければなりません。

著名な若手の音楽コンクールで賞をとったHさんから、「夜遅くまで練習したいのですが、親が門限に厳しいので、十分に練習ができない」という話を聞いたことがあります。立派に活躍されているし、さぞ親御さんも手をかけたのだろうと思っていたのですが、まったく逆というわけです。「応援する気がまったくない、酷い親です」とも漏らしており、ご両親ももっと応援してあげてほしい、と素直に思いました。

しかしその時、一緒に話を聞いていた知人が一言。「それは良かったね！　親の価値観を押しつけられなくて済んでいるのだから」。確かに、最近は過干渉気味な親も増えていますし、「応援してくれない」と悩むのは贅沢な悩みかも、とも思わされました。

また、ある伝統工芸の職人さんが次のように語ってくれたことがあります。

「親方からは叱られてばかりで、滅多《めった》に褒められませんでした。口をついて出るのも『まだまだだな』や『大したことねえな』とかで、ずいぶんと悔しい思いをしながら頑張ってきました。だから時々『いいじゃねえか』と認められた時の喜びは半端ではなく、それを重ねて、少しずつ自信を付けました。それなのに、自分が責任者を務める番になって、同じように若手を叱ると、すぐ拗《す》ねてしまう。ついには『どうして褒めてくれないんだ』とまで言われる始末。まだまだだから、褒めていないだけなのに」

こうした傾向は職人の世界だけではなく、褒めることがとにかく大事で、叱ることや挑発は良くないという雰囲気が社会全般に漂っています。

しかし、これからの激変する社会では、自分の行為に責任を持つことがより必要になっていくと筆者は考えています。人のせいにしていると、まったく先に進まない時代になっていくはずです。

もし自身の夢に振り回される過干渉な親に、子どもが依存的になるようなことがあれば、何かに失敗した際、子どもは「お父さんのせいで失敗したじゃないか」と親のせいにします。

でも親が放置して、子どもがやりたいことをやっていたのなら、もしそれに失敗しても、自分の責任にするしかありません。

だから音楽家のHさんも、そのことを自覚して練習に励んだからこそ、成長し、成果を残しているのかもしれません。ご両親が意図的にそうされているのかどうか分かりませんが、彼女の場合、現実として距離を置いた態度が良い結果をもたらしています。

外注の壁――なぜ親は進んで教育を外注するのか

令和2年度の文部科学省「学校基本調査」によると、高等教育機関（大学・短期大学、高等専門学校及び専門学校）への進学率は83・5％で、過去最高となっています。そのうち大学・短期大学への進学率は58・6％、大学進学率は54・4％、専門学校進学率は24・0％で、こちらも全て過去最高の数字になっています。

今、ほとんどの親は「子どもを大学に通わせてやりたい」と考えているのではないでしょうか。その中で、子どもが就職するためには大学に行かねば、大学に行くためには高卒の資格が……と考えて、進学先を選びます。その際、何を勉強したいかという明確な目的があるわけでもなく、進学するためになんとなく受験勉強をし、模試の成績のレベルに合った学校を受験するわけですが、このレールに乗ると、親も子どもも難しい選択に悩む必要がありません。

言われた通り、順調に勉強すればいずれ幸せが待っているはず。その日のために、学校が終わったら習い事や塾でスケジュールを満たし、子どもたちは忙しく毎日を過ごします。大人並みのスケジュールをこなす今の小学生が、成長してどんな大人になっていくのだろうかと不安にも感じますが、先日、東京都心の学校に勤務している先生と話していた時のこと。放課後を使って、何かイベントができませんか、と相談したら「今の子どもは放課後に時間がないので、参加はほとんど望めませんよ」と返答され、驚きました。

文部科学省が実施した「子供の学習費調査」(平成30年度）では以下のような状況が明らかにされていました。

「学校教育費」、「学校給食費」及び「学校外活動費」を合わせた学習費総額は、小学校は公立約32万1千円、私立約１５９万９千円、中学校は公立約48万8千円、私立約１４0万6千円となっている。

世帯の年間収入と学習費総額の状況をみると、年間収入が４００万円未満の世帯の場合、小学校では公立約23万6千円、私立約116万8千円、中学校では公立約38万8千円、私立約110万3千円となっている。年間収入が1200万円以上の世帯の場合、小学校では公立約54万3千円、私立約181万円、中学校では公立約69万7千円、私立約154万5千円となっている。公立・私立問わず概してどの学校種においても、年間収入が増加するにつれて学習費総額が多い傾向にある。

塾など学校外活動費を人口別に見ると人口5万人未満の都市では、公立小学校では約15万8千円、公立中学校では約20万4千円、指定都市や特別区では公立小学校では28万3千円、公立中学校では36万6千円となっており、都市部ほど大きな教育費をかけている。

この結果によると、教育費にかける金額は世帯収入と居住地域によって大きな差が生じていることが分かりますが、現実として、東大生の子を持つ家庭の世帯年収が平均よりずっと高いことが報じられるなど、経済格差が学歴に直結する時代にもなっています。

特に都市部ほど大きな教育費が使われているのは、子どもを良い学校に入れることが親のステータスにもなり、目的を達成した時、親子共々ハッピーになれると親が信じているのかもしれません。

しかし現実には、計画が破綻する親子もいます。それで「残念だったね」と済ませて、前に進めばいいのですが、大きな傷痕を残してしまう親子もいます。

小・中一貫校に合格し、順調に学んでいたG君は、中学一年生になった時に学校に行けなくなり、家に引きこもってしまいました。話を聞くと「こんなに手をかけたのに成績が悪いなんて」「両親ともにそんなに成績が悪くなかったのに、どうしてできないんだ」「これまで親から言われた通りにやってきたけど、その期待を裏切ってしまった。生きている価値なんかないし、死ぬしかない」などと語ります。

国語、英語、数学、理科、社会といった5教科の勉強が苦手な子にとって、今の受験の仕組みを歩むのは茨の道です。それ以外にも、進む道はいくらでもあるのに、多くの親子はそれを知ることができません。なぜならば、多くの教育を外注するようになったことで、本来家庭にあった、料理や洗濯などを手伝い、親の仕事や趣味を横で見ながら経験し、感想を話しあうという教育の場まで失ってしまったからです。

これからの時代ではゆとりを意識し、偶然に家庭で学ぶことがより大切になってくると筆者は痛感しているだけに、そうした教育を外注する傾向は残念でなりません。

比較の壁――子どもは皆同じではないのに

第一章で「子どもは皆生まれた時には白紙のような存在である」というジョン・ロックの考えを紹介しました。子どもの脳は柔軟で、さまざまな刺激を吸収して育つポテンシャルを秘めている白紙のよう、という解釈までは正しくとも、彼は「その白紙の広さと質は全て同じ」とまでは言っていません。

乱暴なたとえとして、その白紙の大きさを記憶スペースとすれば、質は子どもの認知や性格特性と言えるかもしれませんが、それらによって、書き込むペースや書き込み方が大きく変わってくるのは当然です。

しかし日本の教育において、もしくは親も、子どもの持つ白紙はコピー紙のごとく、同じ大きさで同じ質と考え、同じスタートラインに立たせようとします。同じにしないと、それは差別だと指摘される空気がこの社会にあるのかもしれません。

一方、知能の高さは遺伝で決まるのか、それとも環境で決まるのか、という議論が科学の世界などで長い間続いてきました。現在では、知能の高さは遺伝子レベルで解析されるようになり、知能を規定する遺伝を明らかにしようという研究も進んでいます。

ただし人の能力はと言えば、遺伝と環境のどちらかだけで決まるのではなく、遺伝と環境、その相互作用によって開花するのは間違いありません。つまり、ノーベル賞受賞者同士が結婚し、子どもが産まれても、その子がそのまま育つだけでまたノーベル賞を取るかを考えれば、その可能性は限りなく低いと言えます。

むしろ、子どもが持つ白紙の大きさや質が皆違うということの方が事実で、その違う子どもたちが立つべきスタートラインも異なっていないとならないのに、社会の都合で同じにしているだけなのです。これからの時代、違いがあることを前提とした教育のスタートラインを設けても良いのかもしれません。

なおここで重要なのが、その違いがその人の価値そのものを決めるものであってはならないという考え方です。たとえば学習能力の違いだけでなく、より多様な尺度や軸を用意することが不可欠になるでしょう。

また「違い」という意味では、近年、「性格」の違いについて意識をする人が増えたように感じています。たとえば「外向的・内向的」「こだわりが強い・弱い」といった点は、コミュニケーションをする際、多くの人が意識していると思います。

そして社会を見渡せば、単純に性格類型を分類するものから、特定の性質を見出すことで性格プロフィールを示すものまで、さまざまな性格検査が開発されています。特に米国の心理学者であるハーマン・ウィトキンらにより「場依存型・場独立型」が提唱されて以来、さまざまな認知スタイルの分類が登場しました。

家庭や教育の場で、自閉症に関わっている人なら「聴覚優位」、もしくは「視覚優位」という言葉をよく耳にするのではないでしょうか。自閉症の人たちは、音声言語だけで伝えられるより、絵や文字で視覚的に伝えられることで理解度が上がる、つまり視覚優位の人が多いと言われています。

私たちの日常生活においても、誰かに伝言をしたい時など、スマホで電話をかけるのを好むか、それとも、メールなどでメッセージを送るのを好むかは、人によって異なります。それは認知のスタイルだけでなく、その人の運動巧緻性や記憶力、視力、聴力などの要素が絡んで決まるわけですが、まずは、同じものを見ても、同じものを聞いても人によってその捉え方はまったく違う、という事実を理解することが重要になるでしょう。

知能の壁――知能指数に惑わされる親たち

自分の子どもが「頭がいいかどうか」を気にする親がいます。その意味で「知能指数が高いかどうか」を気にする人も多くいます。

しかし、頭の良し悪しは知能指数などの軸だけで測れるものではありません。

米国の心理学者であるルイス・ターマンは、「IQや知能検査を信頼している人は科学的な装いに惑わされており、実態以上に大きな力をそれらに与えている」と述べていますが、筆者も同感です。社会を見渡せば、多くの人が「知能指数が人の能力や判断に大きな力を持つ」ように認識しているように思われますが、どれだけの人がその意味を正しく理解しているか、疑問に感じています。

知能テストとして、よく使われるウェクスラー式知能検査を例として考えてみましょう。ウェクスラー式知能検査は年齢により、WPPSI（3歳10カ月～7歳1カ月）、WISC（5歳0カ月～16歳11カ月）、WAIS（16歳以上）に分けられます。

それぞれ、一つの検査の中に言葉の理解、数、図形、記憶など、15種類の下位検査と呼ばれるものが含まれており、検査項目ごとに得点分布が設定されています。たとえばWISC-Ⅳと呼ばれるものだと、年齢ごと、下位検査ごとに得点分布が求められていて、その測定データは図表2のように平均値に集まる、いわゆるガウス分布になると言われています。

10歳の子どもの「言葉の理解」などでも、検査の平均値と標準検査が決まっており、ある

図表2●ガウス分布のイメージ

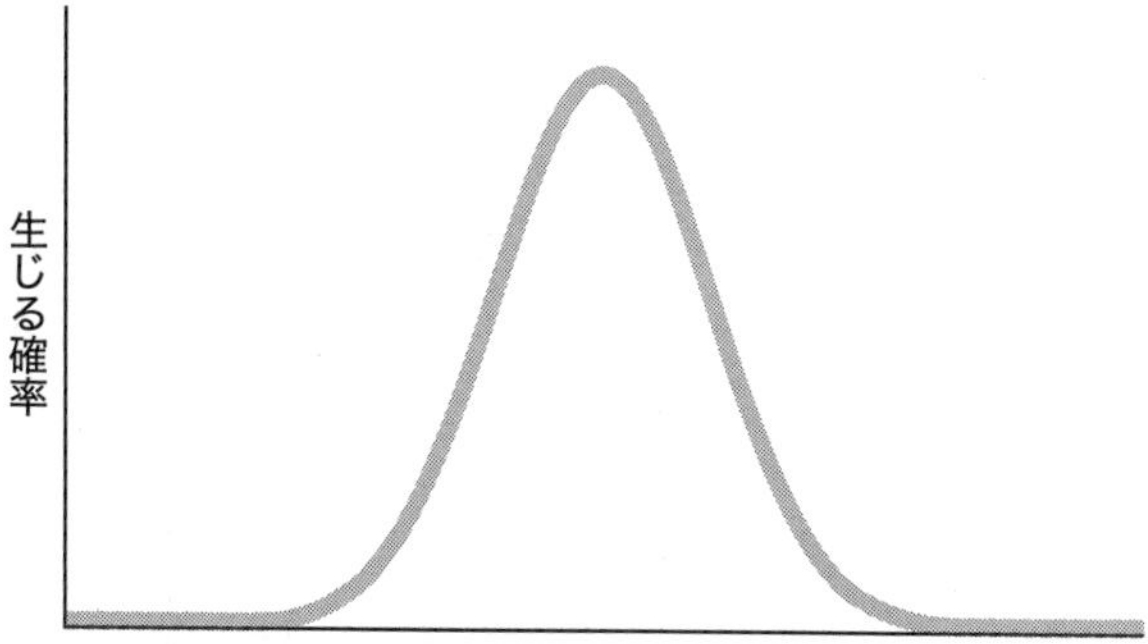

子どもがその検査を受けて得た得点は、全体の中でどの位置にあるかまで求めることができるようになっています。これはいわゆる標準得点と言われるもので、平均が100、そこから標準偏差15の分布のどこに位置付けられるかで数値化されます。この数字こそ、ウェクスラー式知能検査で表される知能偏差値であり、一般的には75以下が「知的障害」とされています。

この知能指数は恒常的なものでなく、さまざまな要因で変動します。たとえば、知能検査と同じような課題を日ごろから訓練しておけば、当然その成績は上がります。つまり、IQや学歴は、人の総合的な能力を正しく反映するものではない、ということです。

しかし現実では「IQが高いことはいいこと」という考えが、あたかも常識のように広まっています。たとえば誰かから「私はIQが150です」と言われたら、多くの人は「凄いですね」などとつい返答してしまうのではないでしょうか。

知能検査は本来、通常の学習についていけないような、知的な発達について遅れのある子どもを見出し、彼らに適切な教育を行うためのものとして開発されました。しかし、知能検査について詳しくない人ほど、そこで測定されてはじき出されたIQなどが、頭の良し悪しを測るもののように認識し、主張しがちです。確かにIQが高く出た人は、学校の成績も優秀である傾向がありますが、それは学校で学んで問われることと、知能検査が問うことが似ているからに過ぎません。

最近、「優秀な大学を出ても仕事はできない」といった話をよく聞くようになりました。それは、社会の変化とともに、求められる仕事の内容が変わり、上司に指示された仕事を早く、正確に処理することだけが求められる時代が終わりつつあることの証左だと思います。しかし学校は相変わらず「早く正確に」できる人を養成する機関になっていて、知能検査も、そんな人ほど数値が高く出るようになっている。

逆に、知能検査などで「処理速度が遅い」と診断されようと、実際の動作は機敏で、処理速度も決して遅いように感じられない人もいます。それはWISC－Ⅳなどにおいて、符号や記号探し、もしくは絵の抹消といった下位検査の成績から算出される「処理速度」という項目が、あくまで視覚運動機能の速度を測るようなものになっているからです。つまり、私たちが想像する日常生活における行動の処理速度と、知能検査がはじき出す処理速度では、意味が異なっていると言った方が正しい。

米国の精神科医、ウォルター・フリーマンは「知能検査で測るものを知能とする」と述べました。つまり、誰かが任意に設定した概念、そのどこに位置付けられるかを求めたものが知能なのであり、厳密なルールを作って、その枠の中で検査するからこそ、得点を比較できるわけです。これは同時に、知能という存在そのものが明確にあるわけではなく、だからこそ、その内容の妥当性も検証できないとも言えるでしょう。

これからの社会では、目の前に広がる現実の状況を把握し、課題解決ができる人が求められます。そして、そうした場面で必要とされる創造性や実行力は、今の知能検査にはあまり反映されていません。

学術の世界でも、学歴至上の時代は終わり、どこの大学を出たかということより、誰から何を学び、実際に何ができるかが評価される時代に移りつつあります。それなのに、日本の教育は過去の幻想を引きずっているためか、世界各国に追い越されつつあり、大学の国際ランキング低下を招いています。

でもそれも大学だけが悪いのではなく、時代に対応できていない意識がそうさせていると言った方が正しく、私たちは知能という軸に頼って人を評価するような次元から、急いで先に進まなければならないのです。

相性の壁――子どもは親のコピーではない

一所懸命に育ててきたつもりなのに、子どもと関係が上手くいかないと悩む親がいます。自分がしてきた子育てのどこが悪かったのだろうと考える人もいるようですが、親子の相性が合わなければ、それは仕方ないと思います。

子どもの一人一人が違うように、親も違います。ペースが何かと速い親に育てられた、ペースの遅い子は大変でしょうし、片方が激高しやすい性格であれば、片方が気持ちを押し殺すことを強制されたりします。食べ物や服の好みの違いに苦労する親子もいるでしょうし、互いの相性の悪さを埋めるには、あまりにも距離がある親子もいます。

基本的に生きものは多様性を保つべく、両親の形質を半分ずつ、遺伝的に引き継ぐようになっているため、子どもの持つ特性が父親、もしくは母親のいずれかとまったく同じになることはありません。むしろ違っているのが当然なのです。パートナーの特性をも引き継ぎ、環境も影響し、性格が決まります。

それにもかかわらず、多くの親は、子どもが自分の好みやペースに合わないことが気になり、つい彼らの行動を修正しようとします。大抵は子どもの側が我慢するのですが、時に親と激しくぶつかります。必ずしも、親のことが嫌いだからぶつかっているわけではなく、ほとんどの場合、親から言われたことが子どもにとって許容できないからだと思われます。

中学2年生のSさんは、几帳面な性格で、テーブルの上にモノが雑然と置かれるのが嫌で仕方がありません。一方のお母さんは無頓着で、何でもテーブルの上に置こうとします。食事の時間になっても片付けるわけではなく、とりあえずモノを端に寄せ、食器を並べようとします。片付けても片付けても、その都度散らかるので、Sさんは絶えずイライラしていましたが、お母さんは「細かいことを気にしないで」と言うばかりなので、とうとう大喧嘩になってしまいました。

許容できないことをきっかけとする喧嘩が頻繁に起きていれば、家の中は落ち着ける場所ではなくなります。場合によって、部屋に引きこもる子もいれば、親に反発して家を飛び出す子も出てくるでしょう。

そもそも人は、周囲の環境に柔軟に適応するよう、考え方を修正しようとするものですが、そこにも限界はあり、それを超えると感情が優ってしまいます。Sさんのケースも、実はお互いに努力をした結果にもかかわらず、の現状です。考え方や気持ちの切り替えで、すぐに解決できる問題でもないのです。

ではそんな時はどうすればいいのでしょうか。多くの場合、物理的に対処するのがもっとも有効です。つまり別居するなどし、距離を保てば争いが無くなる。

しかし親子だと、そうはいきません。であれば次の策として、ルールを決めましょう。たとえば「テーブルの上には、その時に使うモノしか置かない」といったルールを、お互いが納得して決めるべきです。そうすれば、争いになりかけても「それがルールだから」ということで、気持ちを落ち着かせることができるはずです。

ちょっとしたことの積み重なりで、親子関係が崩れてしまうのはとても悲しいことです。相手が期待と違う方向に向いていても、やり方が違っていても、お互いが認め合えなくとも、工夫次第で上手くやっていけると筆者は思います。

近年では、言うことを聞いてくれないような相性の悪い子どもを前に、安易に「うちの子は発達障害では」と疑う親が増えています。しかし、言うことを聞いてもらえない親は、むしろ子どもを理解できていない親だと言えます。

子どもを治療し、矯正しようと考えるのでなく、まず親自身が、自分の中にある修正できる部分について考える。その上で子どもとの関係を感情ではなく、物理的に処理する方法を考えることをお勧めします。

治療の壁——抑えつけるのではなく伸ばす

本を読むのが嫌い、多動で落ち着きがない、注意散漫で忘れ物が多い、物音にすぐ気を取られる、声が小さい、こだわりが強い……。子育てをする親の多くが、こうした傾向に不安を抱くのではないでしょうか。

もし、小学校入学前の子どもにそんな傾向が見られても、すぐにそれで「治療しないと」と考える親はいないでしょう。ところが小学校に入り、集団生活を送るようになると、途端に気になってきます。先生から呼び出しがあったり、忘れ物が多かったり、学習に遅れが出てきたりすると、「うちの子は何か障害を持っているのでは」と心配になってきます。

一昔前だと、子どもが障害と判定されることに抵抗を持つ親が多くいました。それは、社会に差別や偏見が満ち溢れていたことにもよるでしょう。もちろん、今もそうした偏見が完全に無くなったわけではありません。しかし発達障害などの社会的認知が進み、制度的な支援が充実してきたこともあってか、子どものトラブルを前に、「発達障害が原因だと分かってホッとした」と考える親が増えつつあります。

実際、国も発達障害の早期診断や早期治療を掲げ、研究を推進しています。障害である以上、治したいと願う気持ちは分からなくもありませんが、子どもの場合、果たして当人が変わらなければならないのでしょうか?

学校生活に適応できないような子どもが発達障害と診断されて処方される薬は、基本的にそれを完治させるものでなく、症状を改善させる対症療法的なものに過ぎません。行動上の問題などで、命の危険が想定される場合、薬が必要になることは理解できますが、親や学校の都合で薬を飲ませることには、慎重であるべきだと考えます。

筆者個人は、多少の不適応で子どもを発達障害と診断するのは問題だと考えています。たとえば不登校のT君は、広い空間にいるとウロウロし始めますが、その行動が誰かに迷惑をかけるわけではありません。当人もいたって快適に過ごしています。研究室などに来ると、色々なモノを見つけてはおしゃべりをし、本当に楽しそうです。

思い出せば、筆者も相当に落ち着きのない子どもでした。興味の対象が広いので、いろんなことやモノに手を出していましたが、それが今の仕事に結びついて役立っているので、周囲から抑えられなくて良かったと心から感じています。

発達障害と診断を受けている子どもと会うと、確かにユニークな特性を有していると思います。その偏りが集団と大きく異なると、そこに合わせることが難しくなりますが、その分、ほかの子にはできないことをこなします。それこそ、彼らの才能であって異才であり、彼らがそれをキープし、伸ばし続けられるよう、私たちは育てるべきと思うのです。

治療して抑えつけるのではなく、彼らが彼らしく育っていく環境を準備したら、どんなに多様性のある、楽しい、活力のある社会になるのでしょうか。

筆者はそんな未来を考え、日々の研究を行っています。

コラム❷ ギフテッド教育の本当の意味

米国では古くからギフテッド教育に関する研究が行われています。

古くは、1920年代に行われたルイス・ターマンによる天才児の縦断的研究が有名です。この中でターマンは、カリフォルニア州の25万人の小・中学生から選抜した、数値上〝天才〟とされるIQ140~200の子ども、約1500名を追跡調査しましたが、その中からノーベル賞受賞者は出ませんでした。一方で調査対象となり、しかし〝天才〟として選抜されなかった子どもの中からは2名のノーベル賞受賞者が出たことが明らかになっています。

コラム❶で記した、日本の特別科学教育班についても追跡研究が行われました。財務大臣を務めた藤井裕久や、東大先端研初代所長の大越孝敬らの名前も含まれるなど、卒業生から弁護士、医師、会社社長、研究者といった、社会的地位が高い人材が多く輩出されていましたが、それでも社会を変えるような、大きなイノベーションをもたらした人は出ていません。

もしこれまでに日本社会で行われたギフテッド教育が、期待していた成果をきちんともたらしてくれていたなら、今頃、もっと多くのイノベーションが起きていても不思議ではありません。

もちろんこうした教育が優秀な人材を育てる上で、一定の役割を果たしたことは否定できないでしょう。しかし、あくまで突出した才能を開花させることを前提としたならば、もともと持ち合わせた特性にマッチした環境や教育が揃った時、加えて、そこで育った人のニーズを汲み取り、支援する人が揃った時、ようやく生まれるもののような気がしてなりません。

それはつまり〝偶然〟にも近い可能性です。

異才を伸ばしたいのならば、それぞれの特性が見えるまで子どもを見守り、もしその芽が見えてきたなら、すかさず学びの機会を提供することが重要なのであって、その意味で、早期からの一律の教育に意味があるのか、疑問を覚えざるをえません。現実として、今の早期教育は受験のために必要と言えるのかもしれませんが、それがその子を本当に幸せにするのでしょうか？　むしろ特性が合わない子どもを増やし、その心に大きな傷を残すのではないかと心配です。

ギフテッド教育は優秀な才能のある子どもを優秀にする上では効果があると思いますが、そこで受ける教育は既存の学問の中にあり、その枠を超えて新しい領域を作る可能性は高くないのかもしれません。もちろん彼らがリーダーとして社会を牽引する上で大きな役割を果たしているのは事実であり、ギフテッド教育が否定されるものではありません。しかし、ギフテッド教育の本来の意味に立ち返り、社会に大きな変革をもたらすような人材を育てることを目的としたなら、これまでと別の枠組みを用意する必要があるのも間違いないでしょう。

第三章

社会の壁

子育てしにくい社会

なぜ社会に壁が増えているのか

プラットフォーマーと呼ばれる巨大企業があらゆる業界を飲み込み、成長を遂げる中、ここにきての新型コロナウイルスの広がりもあり、さまざまな企業や業種が時代に取り残されつつあります。

その結果、足元の経済格差はさらに広がってしまいました。国の財政難も深刻になり、自助努力が難しい人だろうと、公助になかなか頼れない時代になっています。本来ならば公助の社会を構築するべく、地域住民がより協力する必要があるのかもしれませんが、そうしたコミュニティも、すでにこれまでの変化の中でほぼ崩壊してしまいました。

弱々しい社会に、親子の問題の解決を頼るのが難しいのは明白で、また同時に社会そのものの構造として、多くの人が子育てしにくいと感じるような状況が続いています。社会が築いた壁を越えるのは容易ではありませんが、放置していれば、いつまでも解決はなされません。

私たちが諦めず前に進むためにも、社会がどのような壁を作っているのか、まずは以下で確認をしたいと思います。

受験社会の壁――試験の成績で子どもを評価する社会

昔はテレビで「わんぱくでもいい、たくましく育ってほしい」という特徴的なフレーズが流れるコマーシャルをよく見かけました。人によっては昭和の響きを覚えるかもしれません。

しかし今の都会の子どもからすれば、そもそも、わんぱくに遊ぶ場所がなく、またその時間も失われています。

子どもたちから見た場合の、昭和と現在の大きな違いは二つ。一つ目がスマホや携帯ゲーム機の浸透。二つ目が時間の流れの速さではないでしょうか。どちらも親にとっては悩みにつながりかねませんが、子育てをする上で避けては通れないものでもあります。

新型コロナウイルスの感染拡大を受けて、2020年の春、小・中学校が一斉休校となりました。すると「授業の遅れなどは大丈夫か」と心配する声以上に、「それでは仕事に行けなくなる」という親側の悩みが大きく報道されていました。これは現在、いかに多くの親が社会に出て、必死に働いているかという時代背景のあらわれであると同時に、子どもが一人では時間を過ごせなくなっているという、心細い状況を象徴しているように筆者は感じました。

子育てについてゆっくり考える暇もない親たち。彼らをサポートするため、社会ではさまざまなビジネスが展開されています。学習塾から語学教室、スポーツ教室といった習いごとがその典型ですが、これらを周囲と同じようにさせておけば、学校だけで学ぶより、多くの知識や経験が身に付き、優秀な子どもになると信じているのかもしれません。それで学校の終わった放課後や週末などに、塾や習いごとのプログラムを詰め込むことで安心するわけです。

子どもの側も、組んでもらったプログラムに沿って歩けば、理想とする中学や高校、大学への合格が叶うと考えています。その先で幸せになれると信じ、縛られているなどとは決して考えることなく、時に意思を封印して生活します。

これらの結果、自発性が押さえ込まれてしまい、大きくなって、いざそれを求められても、何もできなくなっているという危うさに誰も気付いていない。それも今の社会です。

学校を卒業したら、当然、自ら考えて道を選び、生きていかなければなりません。そのことは分かっていても、現実として一人でどう稼ぎ、生きればいいのか分からない。進学校ほど、職業教育の機会はほとんど用意されません。大学に行けば行ったで、友人と同じようにまた就職活動のレールに乗り、意思を封印したまま就職するわけです。

こうして社会にレールを敷きつめた結果、逆にそのレールに乗れなければ、不安に苛《さいな》まれる人が大半となりました。でも現実を見れば、このレールに乗ることなく生きている人はとてもたくさん存在しますし、AI・ロボット時代だからこそ、さらにレールから離れた働き方や生き方が求められるのも間違いないはずです。

あなたのお子さんは、敷かれたレールがなくなった際、もしくは受験社会という壁が崩れた時、伸び伸びと生きていくことができるのでしょうか、それともむしろ右往左往してしまうのでしょうか。それを一度考えてみるのは、とても大切なことだと思います。

評価軸の壁――差があることがすべて差別なのではない

現代人の能力、特に記憶力についてはスマホに依存していると言って過言ではないでしょう。

たとえば今、あなたは家族や知人の電話番号を覚えているでしょうか？　なお筆者はまったく覚えず、外部記憶装置であるスマホに依存して、それで済ませています。あらゆる知識もそうです。クラウドに情報を載せ、それをまるで自分の知識のように検索し、使っています。すでに私たちは自分自身の記憶力や紙の手帳では収納しきれない情報まで扱い、それで生きることを避けられない時代を過ごしています。

もちろんそれは悪いことではありません。たとえばスマホなどのモバイル機器は記憶だけでなく、さまざまな活動が苦手な人にとっての大きな助けになっています。

一方で、自分が子どもの頃を思い出せば、記憶力のいい友達や字の上手な子、絵が上手な子を羨ましく思ったことはありませんか？　皆同じ子どもだと言いながら、生まれながらの才能の差を感じていた人も多いと思います。

しかし、その多くの差もスマホ一つあれば賄《まかな》えるようになりました。スマホを使えば誰もがいろんな事を記憶し、きれいな字を打ち、上手に絵を描くことまでできるようになってきました。加えて、電子マネーやオンラインショップ、メールやＳＮＳ、Ｚｏｏｍなどの遠隔会議システムといった、新しい社会サービスの整備が進むことで、能力の凸凹がある人たちが、ありのままで学び、暮らし、そして働くことを可能にしています。

人の能力を退化させかねないと批判する声もありますが、字を書いたり、絵を描いたりすることが得意な人は、ツールに頼ることなく、今も楽しく描き、それで能力を伸ばしていると思います。むしろ大切なことは、苦手と考える人たちも、そうした活動を楽しむ機会が生まれたということ。同じスタートラインに立てたということです。

生まれた子どもは皆同じという前提に立つと、公平性が求められるのかもしれません。算数の授業で「数字を書けないから」と一人だけ電卓を使えば、それは「ずるい」と言われるでしょう。しかし、子どもの持つ能力はさまざまという前提に立てば、同じ土俵で、同じ裸で勝負をさせるのは、逆に公平性を欠くということになります。算数の試験でも、計算をする際に自分で「必要だ」と思う子なら、誰でも電卓の持ち込みを認めればいいわけですし、入試などの選抜試験においてツールを使わせないと決めるのは、彼らを試験から排除していると考えてもいいのかもしれません。

筆者自身は、能力を競うこと、それ自体を否定するつもりはありません。競いあうことは楽しいですし、人の目を引きつけます。能力が近い子どもたちが切磋琢磨することは、能力を伸ばす意味でもとても重要です。

1990年代、運動会の徒競走で順位をつけるのは子どもを差別することになるので、ゴール前で皆が揃ってから一斉にゴールすると決めた学校が話題になりました。そこから別の学校でも、100m走で差が出ないように事前にタイムを計り、その結果で組を分けたり、全員がリレーの選手になれるようにしたり、「差を生むことが差別になるから避ける」という取り組みが全国各地で見られました。

これらの取り組みに、筆者はとても違和感を覚えます。なぜならば、運動において差を設けないことで、勉強が苦手でも運動が得意な子がいたとしたら、彼らの実力を発揮できる場面を奪ってしまうからです。また、そもそもの考えとして「遅いことが悪い」「恥ずかしい」という前提に立っているから出てくる発想に相違ありません。

そうではなく「自分は走るのは苦手なので、そこで競いたくない」と考える子が徒競走に参加しなくて済む権利を持てばそれでよかったのではないでしょうか。走る代わりに、別の競技で競えばいい。一つの能力軸の上だけで競うことの方に、むしろ違和感を覚えます。さらに大きく言えば、運動の軸だけでなく、勉強の軸や工作の軸など、さまざまな評価軸が存在することが健全です。

「公平性＝差が生まれないこと」という認識は明らかな間違いです。差があることを認め、きちんと子どもたちに教えることこそ、正しい多様性教育だと筆者は思います。

同調の壁――いじめる方が絶対に悪い

個性を豊かに、と言いながら、学校などでは、自分の気持ちを隠して同化しないと仲間に入れません。「仲良くする」とはつまり、みんなと一緒に遊ぶことで、仲間から外れて一人でいると「可哀想な子」だと捉えられてしまう。

今「人と違うことをすればいじめられる」と考える子や親が多いようです。だからこそ目立ってはいけない、自分の好きなことばかりするのは良くない、時には我慢して集団に合わせるのが必要と考えます。しかしそんな環境で育った子どもは、きっと大人になっても人と違うことをするのを強く恐れるはずです。

社会に出ても空気を読み、上司の意見に同調しながら働くことで認められるのが、今もまだ日本の社会かもしれません。しかし、現実として活発な議論ができないような組織から、変化やイノベーションは起きません。

やりたいことを我慢し、人の都合に合わせて行動する人は「優しい」と評価されますが、それはそれで、どこかおかしい。いじめられないように、自分を殺して生きるなんてとても馬鹿げています。絶対に、いじめる方が悪いのですから。

今の学校では一つの目標に向かい、協働して成果をあげることが重視されています。「みんな仲良く、元気良く」という言葉が絶対。現実としてそうなることを期待されているわけで、それに該当しない子どもはいじめられる傾向が強くなると言えます。いじめられる子どもは素直に、その特性に従って行動しているだけなのに、ペースが違う、方向が違うといったことを理由に、いじめの対象になるわけです。

「好きなことをやりたかったとしても、人と違うといじめられてしまうし、やめた方がいい」と言われたら、言われた人は自己否定するしかありません。また、この本では、繰り返し「子どもは皆違って、それでいい」と述べていますが、でも現実の世界でそれを通したら、子どもがいじめられてしまうと心配になっている人もいることでしょう。だからこそ大人である私たち自らが違いを認め、ユニークさを評価し、それで社会の雰囲気を変えていく必要があるのです。

閉鎖的で、変わることのできない組織は必ず衰退していきます。一方で、私たちの手にはインターネットという、場所や立場を超えて発言し、人と結びつくツールがあります。枠を超えてダイナミックに結合する新しい社会を創造し、そちらを選んで生きていきましょう。

価値観の壁――子どもの評価軸がテストの点でしかない

教育や福祉の現場に「多様性を理解して共生社会を実現する」といったスローガンが掲げられているのを目にしたことがある方は多いと思います。でもそもそも、多様性の理解とは何なのでしょうか？

多くの人がそれを求めているのは確かです。しかしそれを叫ぶ当人さえ、本当の意味での多様性を理解できていないように筆者は思います。

日本社会は長い間、安全と安心をキーワードに掲げて成長を続けてきました。その下で多くの親は、子どもには勉強させて良い学校に進学させ、しっかりした会社に入って安定した暮らしを送ってほしい、と考えていたのです。

子どもがテストで100点を取れば「頑張ったね!」「すごい!」と褒めることはあっても、「へー」「そうなの」とやり過ごす親は少なくなり、褒められたことで、子どももさらに勉強するようになります。そのような図式の中、「勉強ができるのが良いことだ」という考えが固まっていきました。

それなのに、今になって突然子どもが「将来はゲームで稼いでいきたい」などと言いだすから、親は即座に「夢のような話はやめて勉強しなさい」と返すわけです。それが決して悪いわけではないのですが、時と場合によっては、激しい親子喧嘩に発展しかねません。

一方、テストで頑張っても30点しか取れなかった子どもは、頑張ったにもかかわらず「ダメだ!」「努力が足りない!」「勉強しないからだ!」と親から責められます。そしてこの子が「将来はゲームで稼ぐ」と言えば、ここでも多くの親から即座に「夢のような話はやめて勉強しなさい」と言われます。つまり、子どもは勉強するのが当たり前とされているということです。

ここでは試験の成績だけが、大人が子どもを評価する軸となっています。その中で育つわけですから、子どもにとっても、勉強して良い点を取るのが人生において大きな価値となるのは当然です。

「勉強ができる子、明るい子、元気がいい子」は良い子。「勉強が苦手な子、暗い子、元気がない子、友達が少ない子」は良くない子。そんな軸が常識になっていると言って過言ではありません。それこそ親の時代はもちろん、祖父母の時代から、社会の価値観はそこにあり続けています。

価値観が多様化している。そう言われながら実は、個々の本音の部分での価値観はまったく広がっていないのかもしれません。

固定されたある価値観において、それと対立する価値観を認めることはとても難しいと思います。ですので、もし自分が持っていた価値観が合わなくなったとして、消極的にほかの価値観を有することはあっても、積極的に学び、それを取り込んだ生活を送ることができる人はそう多くありません。子どもにとってもさまざまな学びがあっていいはずなのに、親の期待は、主に国語、社会、数学、理科、英語の主要5教科で、受験に関係ないものは排除されてしまいます。また、近年では多くの親が、科学技術の発展に貢献するような頭脳エリートの養成に力を入れるようになりました。先進国ではギフテッド教育の名の下、早習教育や習熟教育が盛んとなり、STEAM（Science《科学》、Technology《技術》、Engineering《工学》、Art《芸術》、Mathematics《数学》）教育や国際化へ対応するための語学教育、プログラミング教育、論理的思考力養成などに対して、特に注目が集まっています。もちろんそれも重要ですが、「それだけが良い」という価値観で進む今の教育には危うさを覚えます。

誰もが科学に向いているわけではありません。それどころか、誰もが主要5教科の勉強に向いているわけでもない。ただ単に、社会の期待がそこにあるから、親の期待もそこに向くのです。そして期待の幅が狭く、固定的な親であればあるほど、それに合わない子どもは追い詰められてしまうというわけです。

なお筆者は、固定した価値観を崩すためにも、現在の主要5教科を副教科にし、音楽、美術、技術、家庭科、保健体育といった実技系で、総合的とも言える科目を主要5教科にするなど、今までと違う姿勢の学校や教育があってもいいのでは、などと考えたりしています。

コンプライアンスの壁——ルールを外れたら思考停止してしまう社会

インターネットが浸透した今、失敗することへの恐れが強まった気がします。失敗すれば批判される。だからルールを決めて保険をかけ、それで失敗しないよう、安心したらよいと人は考え出しました。そして決まったルールをきちんと守れば、社会は上手く、効率よくまわる。実際にそう考えている人が多くいて、そこに大きなビジネスが生まれています。

確かにルール重視の社会では、それさえ守っていれば、結果がどうあろうと「失敗したけどルールは守っているよ」とある程度、責任を回避できるわけです。しかし、そのやり方に慣れれば、ルール外のことが起きた途端に思考停止してしまう。実際、それが現代社会の課題になりつつあります。

今、政治や経済など、社会の第一線で活躍している大人の多くが、受験戦争を勝ち抜いた高学歴者になっています。彼らは設定された課題を早く正確に解くことが得意で、計画を立て、やるべきことを明確にして作業をこなします。そんな彼らと一緒に作業すると、心から優秀だなと筆者は感じます。

一方、そういった優秀な人たちへ「あとは自分で決めて、いい塩梅《あんばい》に仕上げておいて」など指示したことで、戸惑われてしまうこともよくあります。

与えられた範囲の中で決められた課題をこなしてきた人たちほど、その範囲という「枠」を外されるのは想定外で、弱点を見せることにつながりかねないので警戒します。しかし現実を見れば、感染症が広がったり、異常気象が続いたりするなど、むしろこれまでの生活パターンを崩すような出来事ばかりが相次いで起きています。このような不確実で変化の多い時代においては、予め決めたルールでの問題解決ができません。

以前、台風の避難勧告が出た際、ホームレスが避難所に入るのを職員から拒止されたという報道が話題になりました。その人を入れることで、ほかの避難住民からクレームを受けることになるのを恐れたのかもしれません。

筆者は、この職員を責めようとはまったく思いません。ホームレスの人も避難しなければならない状態があることを誰も想定していなかった、そのことが問題なのです。

筆者にはホームレスを続ける知人がいます。そのJ君に「どう思う?」と聞いてみたら「そりゃ避難所に入ったら匂いもあるし、迷惑だろ」という答えが返ってきました。彼は続けて、「洗濯しても干す場所が都会にはないんだよ」と教えてくれました。

洗濯やシャワーについては支援団体があるので利用できる。でも干してよいとされる場所はなかなか無いと言うのです。公園やらに物干しロープを張り、そこに干せたらすぐ乾くと考えてしまいますが、実際にそうしたら通報されてしまう。だから、天気の良い日にその服を着て公園のベンチに座り、じっと乾くのを待つのだそうです。そんな事情もあり、洗濯できずに過ごす日が多くなってしまうと言います。

先ほどの避難所の話も、ホームレスだから入れないのではなく、彼らの匂いがきついことが多いので入れなかったわけです。そして彼らも、もちろん好んで匂いを発しているわけではありません。洗濯の事情などの結果として、やむなくそうなっていかざるを得ない人もいるのです。であれば、避難所に予めシャワーと着替えを準備しておけば、誰もが困らず避難できた。でも、普通の生活を送っている中で、そこまではなかなか想像できないでしょう。

また多くのホームレスは移動する際、大きな荷物を引いています。そんな荷物を避難所に持ち込まれても、と感じる人もいるかもしれません。でもその理由がなぜなのかまで考えたことがある人は少ないのではないでしょうか。

J君も、いつも肌身離さず大きな荷物を抱えています。一緒に食事に行く時など、彼に「オフィスに荷物を置いて出かけよう」と言っても、「全財産だから自分自身で守らなければ」と主張し、決して手放しません。そう聞けば、誰かから取られるのを警戒しているのだろうと考えるかもしれませんが、実際には、荷物を置いておくことで警察へ通報されてしまう可能性があるからだそうです。実際、J君はそれで通報されたと言っていました。

つまり、彼の行動は「誰かに取られることへの警戒」というだけでなく、「安心して荷物を置いておける場所がない」という事実があることを意味しています。J君にとって、家は寝る場所であると同時に、財産を安心して置くことができる場所でもあると、ここにきて筆者も初めて認識した次第です。

ルールでがんじがらめとなっている今、そこから少し外れ、心理的な距離が生じる相手や物事を前にした場合、そこは途端にブラックボックス化してしまいます。私たちがもう少し考え、寄り添うことができれば、そうした距離も自然に縮まっていくのではないでしょうか。

労働の壁――なぜ働きにくい社会が生まれたのか

アフリカのマリ共和国の首都、バマコに行った時のこと。

街を歩く人に「どんな仕事をしているの？」と聞くと、多くの人は「色々」と答えてくれました。彼らは特定の職に就いているのでなく、その日、そこにあった仕事をするのだそうです。自分ができる仕事を少しだけやって、それで生活する。彼らは決して裕福な生活を送

図表3●産業別就業者数の推移

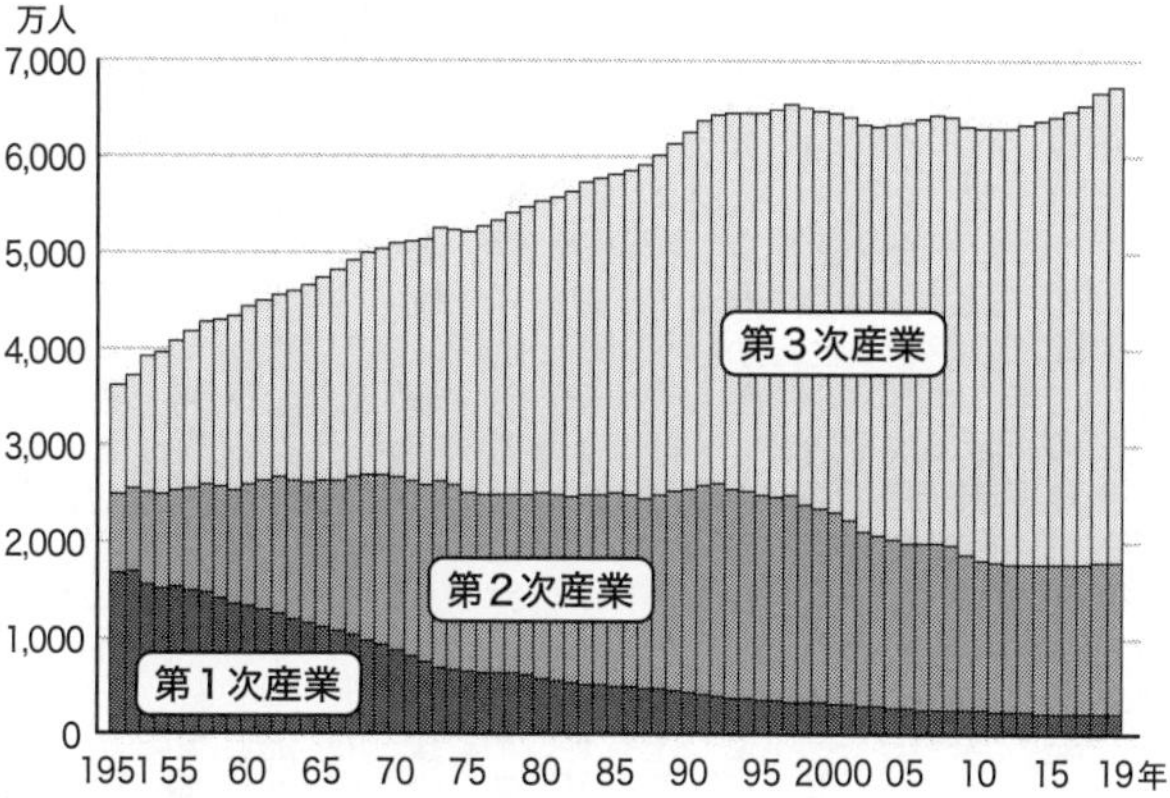

出典：労働政策研究・研修機構ホームページより筆者作成。資料出所は総務省「労働力調査」

っているわけではないですが、のんびりした穏やかな暮らしがそこにはありました。

日本でも、それぞれの特性に合う仕事を選び、それで生活できる社会がかつてありました。

特に半世紀前までの働き方は多様でした。たとえば1960年代くらいまでの産業構造を見ると、第1次、2次、3次産業がバランスよい状態に保たれていることが分かります(図表3)。

そのため少々の凸凹やペースの違いがあっても、個人の特性に応じた働く場所がありました。小さな工場に行けば気難しい職人さんがいて、愛想は悪くとも、コミュニケーションは上手でなくとも、素晴らしい仕事を見せてくれました。また、街の八百屋や魚屋に行けば、休むことなく動き回る店主が、詳しく商品の説明をしてくれました。こちらが早く帰りたくても話が続くので帰れない、なんてことがあっても、そこで得た野菜や魚の知識は今も生きています。

読み書きが苦手で、学校の成績が悪かった友人がいますが、彼は中学を卒業し、地元で家業の農業を手伝っています。テストの点が悪くとも体力があり根気強い彼は、農業には適していたのか、高校に進学することのないまま、今でも楽しそうに働いています。日本でも、それぞれの特性に応じて、自分のペースで働けるような社会があったわけです。

しかし、パソコンやインターネットが登場し、また、道路や航空路などの整備で物流が発展すると、スピードや経済効率が優先されるようになり、ペースが遅いというだけで社会から取り残される人が出てきました。また農業や製造業の大規模化・機械化の中で、多くの人が仕事を変えることを余儀なくされ、現在では商業、運輸通信業、金融業、公務、その他サービス業からなる第3次産業がすっかり主流になっています。

第3次産業はほかの産業形態に比べ、コミュニケーションや読み書きの力が問われます。時にはパソコンの前に座り、同じ部屋の中で、長時間仕事を続ける必要もあるでしょう。

つまり、特性的にそれが苦手な人だと「働く」という点で、すでにたくさんの壁が生まれてしまっているわけです。そして、そういった社会構造の変化によって不適応を起こした人が増えた結果、彼らを支援する意味でも「発達障害」という障害が、制度側の都合で生みだされたようにも感じています。そして、彼らを今の社会構造に当てはめるための訓練が今も続いています。

追い詰められた人に、さらに無理を強いる。そうしたアプローチばかりになっている今の社会は、とても残念です。むしろ苦手を認めつつ、特性を活かして働ける仕事を意識的に生み出す。そうした動きがより活発になってほしいと筆者は考えています。

前例主義の壁——安定か破壊か

オーストリア出身の経済学者、ヨーゼフ・シュンペーターは、持続的な経済発展のためには新たなイノベーションを用いて、それで創造的破壊を行うことが重要だと述べています。

一方で日本は戦後、多くの子どもの能力を一斉にあるレベルまで引き上げ、協働できる教育システムを構築し、それで高度成長期に驚異的な発展を遂げることができたと言えます。

その後に起きたインターネットや携帯電話などのＩＣＴの発展に対応すべく、教育システムも大きく転換すべきでしたが、成功体験が忘れられなかったのか、その創造的破壊という意味では失敗したとも言えます。

開発途上国の場合、そのような体験がまだないこともあり、それこそゼロからＩＣＴ時代を視野に入れた社会や教育を作ることができました。たとえば、電話線を敷設することができず、固定電話がなかなか普及しなかった国でも、携帯電話ならその必要がないため、こちらはむしろあっという間に広がっています。

数年前、ネパールの山中にある小さな村を訪れた時のこと。「トイレを貸してほしい」と頼んだら「家には無いので、沢まで下りて用を足せ」と言われました。そのトイレの無い家でも、携帯回線を使い、インターネットに接続することができました。

情報インフラは、世界中の情報格差を縮めました。しかし、それにうまく適合できなかった日本は、国際社会において地位を低下させてしまったように思われます。

規制緩和を海外から求められている、といった報道を聞く機会が増えましたが、日本に住んでいる分にはあまりピンときません。それは、変えようと考えたことがないからこそ、ピンとこないのです。実は縦割りで規制だらけとなってしまったこの国を、どのように創造的破壊をして変えていけばいいのか。それが今、大きな課題となっています。

特に教育の実情に関しては、ここまでにも繰り返し記した通り、これから迎える社会には明らかにマッチしていないように、筆者は感じています。

しかし、高度成長を経験した人たちには今の教育を否定できないのが実態ですし、ピラミッド型となった学校組織の中で、主張を押し通すには相当な勇気が必要です。しかも法律で固められた教育制度の中、現状否定をすることは法令違反とされることまであり、硬直化した組織を打破する困難さは相当なものといえます。それでも変えるためには、組織の外から動くしかないのかもしれません。

基本的に、社会変革はゆっくり進みます。その背景には、現状を認識しつつも、特に困ったことではないから変える必要がない、もしくは自分と直接関係ない、どのように行動していいか分からない、さらには組織の中で既存の制度を否定する勇気がない、といった理由で「動き出さない」人たちが社会の大半を占めているという事情があります。

研究室に来ていた生活保護を受けているスタッフが発した「俺たちのような大人を作っちゃいけない」という一言を、筆者は忘れることができません。子どもの頃、できないことがあると親から強く叱責され、自信を失っていき、それで精神障害になったと彼は語ります。そして、頑張ってもできない自分を責めて苦しんだと言います。学校に関して言えば、教員は真面目でバランスのとれた人材が採用されています。それもあって、ユニークな変わった子どもを追い詰めやすい素地もできてしまったように思えます。

ほかに、無断欠勤を重ね、会社を解雇されたスタッフもいます。「朝起きたら熱があったので電話をかけなければ、と思ったが、電話が苦手でどう説明していいか分からなかった。モタモタしている間に、会社の方から電話がかかってきて強く叱責されたので、それで会社に行けなくなった」と彼は語ってくれました。

「それならメールで連絡すればよかったのでは」と言うと、電話以外は認められないので、できなかったと彼は答えました。社則として「欠勤届けは電話以外不可」と書いてある会社はないと思いますが、実際、多くの人が欠勤は電話で連絡するのが常識で、メールで連絡するのは失礼と考えています。私がこのエピソードを第三者に話すと、ほとんどの人が「上司や会社が怖いので、自分だけ違ったことはしないし、できない」と答えていました。こうした状況を変えるのは、確かに容易ではなさそうです。

安定した社会や環境では、協調性が重視され、それを乱そうとするものは排除される。そして、教育の中で協調することの重要さを学んだ子どもは「NO」と言わなくなります。反面、協調できない子どもは傷つき、それで「NO」と言わなくなるのです。

そんな時代なのに、学校や会社の空気を読まず、それでも「NO」と言えるのは、ある意味で才能でしょう。そして、このような硬直化した社会を動かしていくのは、自分の信念に基づき、前に進んでいけるユニークな人であるのに違いありません。

彼らは「独りよがりで、間違った考えを持っている」と、周囲から潰される可能性が高い。しかし、今の時点では非常識であろうと、違和感を覚えるようなことをそのまま突き破る人には、いずれ追従者や支援者が現れるはず。

ユニークかつ、社会的な課題に対してリアリティを感じ、正しいビジョンを持つ人材を守り、養成すること。それが今の日本では求められているのです。

高齢化社会の壁——子どもを保護しすぎる社会

創造的破壊を重ねながら、著しい成長をし始めた開発途上国。一方で高齢化が進み、ユニバーサルデザインやバリアフリーデザインに象徴される安心・安全な国として、世界のトップを走る日本。日本については良い国と捉えている人が多いと思いますが、そのような安定した社会に守られて育つ子どもたちは、将来、いったいどうなるのでしょうか?

１９９７年と２０１７年を比較した博報堂生活総合研究所の「こども20年変化」によると、図表４のような特徴が示されています。

【友達との関係】友達の数は過去最高に

友達の数（平均値）：97年 50.7人➡17年 **77.3人（+26.6pt）※過去最高**

【お金・消費】お小遣いをもらっている子は減少。新商品への興味は低下

お小遣いをもらっている：97年 78.9%➡17年 63.0% **(▲15.9pt)**
※過去最低

新しい商品が出るとすぐほしくなることが多い：
97年 56.4%➡17年 **41.6% (▲14.8pt)** **※過去最低**

【情報環境】流行への興味は低下。気になる情報は自分で調べる

情報は、はやっているものを人よりも早く知りたい方だ：
97年 63.8%➡17年 **45.9% (▲17.9pt)** **※過去最低**

興味のある話は人に聞くより自分で調べる：
97年 38.8%➡17年 **63.3% (+24.5pt)** **※過去最高**

【情報環境】デジタル機器・サービスは急速に浸透（2017年のみ）

インターネットを利用する時のデバイスは、スマートフォン **56.4%**、ゲーム機 **36.4%**、パソコン **33.8%**、タブレット **31.6%** の順

ネットサービス利用度は、検索サイトを利用する **86.6%**、動画共有サイトで動画を検索・閲覧する **80.5%** の順

【調査概要】◆調査手法：訪問留置自記入法◆調査対象：小学４年生〜中学２年生の男女◆調査時期：2017年２月15日〜３月21日◆調査地域：首都40km圏◆調査人数：首都圏800人
出典：博報堂生活総合研究所

これを読み解けば、金銭や生活に不自由しない子どもたちが、優しく叱らない親の元、親の期待に応えようと情報機器も使いこなしながら一所懸命受験勉強に励んでいる、なんて姿が浮かび上がってきそうです。

それは安定した豊かな社会ですが、しかし、このような社会で安定志向を持った子どもから創造的で破壊的なイノベーションが起きるかと言えば、それはやや疑問とも感じてしまいます。

図表4 ● 1997年→2017年：「こども20年変化」調査結果

【自己認識】豊かさ実感&幸福度、過去最高に

自分は幸せな方だ：97年 77.6%➡17年 **91.4%（+13.8pt）※過去最高**
自分のくらしは豊かな方だ：97年 65.7%➡17年 **82.0%（+16.3pt）※過去最高**

【価値観】重視することで、勉強が遊びを逆転

遊びより勉強が大事：97年 36.5%➡17年 **58.1%（+21.6pt）※過去最高**
勉強より遊びが大事：97年 62.7%➡17年 **41.9%（▲20.8pt）※過去最低**

【家族との関係】尊敬度合いでお母さんがお父さんを逆転

お母さんは「尊敬する人」：97年 54.8%➡17年 **68.1%（+13.3pt）※過去最高**
お父さんは「尊敬する人」：97年 59.7%➡17年 **61.5%（+1.8pt）**※ほぼ変わらず

【家族との関係】どんどん近づく親子の距離

自分の部屋にお父さんやお母さんが入ってくるのはいやだ：97年 46.0%➡17年 **36.6%（▲9.4pt）※過去最低**
家族に言っていない秘密がある：97年 50.3%➡17年 **34.3%（▲16.0pt）※過去最低**

【大人との関係】大人から叩かれた経験は過去最低に

お母さんにぶたれたことがある：97年 79.5%➡17年 **48.6%（▲30.9pt）※過去最低**
学校の先生になぐられたことがある：97年 18.9%➡17年 **1.6%（▲17.3pt）※過去最低**

ブラックボックス化の壁——あえて疑問を持ってもらう

生まれつき、あらゆることが自動化した社会の中で、直接触れることのない「ブラックボックス」に囲まれて育った今の子どもたち。

家の中でも、親もその可愛さゆえ、できるだけ子どもに苦労をさせず、スムーズにことが運ぶよう、用意周到に準備をしています。そのせいで、たとえば、汚れたシャツはあくる日になればきれいになっているもの、食事は何もせずに出てくるもの、部屋では埃が出ないものなどと、信じ込んでいる子も多い気がします。

自動車やデジタルカメラも、その操作方法は分かっても、なぜそれが走るのか、どうして写真が撮れるのかまで理解している人は少ないでしょう。それがブラックボックスです。

知らないことの何が悪い、と言う人もいますが、子どもの思考を育てるという意味で、ブラックボックス化が進みすぎるのは多くの危険をはらんでいます。原理が分かっていなければ、予想外のトラブルが起きた時など、まったく対応ができなくなるからです。

今から20年ほど前、筆者は1961年式の古いルノーに乗っていました。ある日そのルノーで夜道を走っていたら、ヘッドライトが消え、一緒にエンジンまで止まってしまったことがあります。現代の車ではほとんどありえないことです。

すべてが同時に停止したことから、バッテリーケーブルが外れたか、メインヒューズが切れたかのどちらかと推理した筆者は、空走する車を路肩に止め、ボンネットを開け、懐中電灯で照らして原因を探ることにしました。ハーネスをたどると、案の定、剥き出しとなっていた鉛のヒューズが焼き切れていましたが、代用品がないのでとりあえずケーブルで直結し、車内の電装品をできるだけ使わぬように気を付け、そのまま家まで走らせて帰ったことがあります。

ソフトウェアを介さない機械なら、目でその仕組みや動きを確認し、パイプや配線をたどるうちに、なんとなく問題箇所が推測できます。しかし今の自動車では、故障が起きれば、それをセンサーが感知し、メカニックに伝えて対応するような機能まで開発されており、ますます人の能力が奪われている気がしてなりません。

今の世の中では、トラブルが減った代わりに、故障を推理する機会も減りました。故障が多い生活をしていれば、自然と修理をしながらその仕組みを学び、それを使う時にも原理を考えるようになってきます。そして、習得したさまざまな知識にリアリティが与えられていくのです。

ある自動車メーカーの協力を得て「車は息をするか？　マスクをしているか？」といった教育プログラムを小・中学生向けに実施したことがあります。

その中で「ガソリン車は、空気の無い月でも走ることができる？」と子どもに問うと、彼らからは「多分無理」と返ってきました。なんとなく分かっても、「じゃあ、どうして？」とたずねると「分かんない」。

そこでエンジンをかけた自動車を用意し、専門家を同席させた上でボンネットの中に手をかざしてもらうなどして、空気の流れを探ってもらいましたが、それでもなかなか分からない。次にティッシュペーパーを手渡し、それをかざしてもらうと、エアクリーナーと呼ばれる部分の吸気口を通じて、自動車は空気を出し入れしていることが分かり、さらにエンジンを吹かすと、ある子の持っていたティッシュの一枚が、その中に吸い込まれていってしまいました。

エアクリーナーのカバーを開けてみれば、吸い込まれたティッシュが車の吸気口をふさいでいます。そのまま吸気口を手で完全にふさいでみれば、エンジンは途端に苦しそうな動作音となり、車はエンストしてしまいました。

つまり、ここに至って、子どもたちは初めてガソリン車が走るために空気が不可欠であることを感じとるわけです。そして「ガソリン車は月で走ることができるか？」という問いに、迷いなく「空気がないから無理！」と答えられるようになるわけです。

過度に社会の自動化やブラックボックス化が進んだり、または、家での家事手伝いが減ったりすることは、子どもの力を蝕《むしば》んでしまいます。

社会を見渡せば「なぜコロナウイルス感染者の数が毎日分かるのか？」「どうしてネットにキーワードを入力したらその結果が表示されるのか？」「開票中なのに、選挙の当選が分かる理由とは？」「なぜ日本では正確な時間で、電車の運行ができているのか？」など、分からないことだらけです。

でも、そうした疑問を見せず、子どもが本質を学べないままに放置した社会であってはいけない。あえて疑問を持ってもらい、周囲と一緒に考える時間を作ってみてほしいと筆者は考えています。

コラム③ 「異才」と呼ばれた人たちの幼少期について

今の時代に子どもを育てることに、少なからず苦悩しているであろう読者の皆さんのため、ここで安心してもらえるような話をしたいと思います。さまざまな先駆的業績を世界に残した偉人たち。彼らの幼少期の記録を見れば、必ずしも学校に適応して、成績が優秀であったとは限らないことがよく分かります。

●スティーブ・ジョブズ

アップル社の創設者の一人で、Macintosh や iPhone などを通じて世界にイノベーションを起こした起業家、スティーブ・ジョブズ。彼の評伝『スティーブ・ジョブズ Ⅰ、Ⅱ』（ウォルター・アイザックソン著、井口耕二訳、講談社）などによると、1955年に生まれたジョブズは、とても手のかかる子どもだったとされます。ヘアピンが電気を通すのかを確かめるために、コンセントに差し込んで感電したり、小学校では授業中に花火をしたりするなど、エピソードにこと欠かない少年だったそう。

1965年に、とある女性教師と出会って勉強が好きになると、翌年には11歳ながら知能検査で「高校2年生レベル」の結果を出し、飛び級でクリッテンデン中学に入学します。しかし、柄の悪い校風に嫌気がさしたジョブズは登校拒否になり、結局、クパティーノ中学校へ転校しています。

●南方熊楠

博物学、民俗学の分野で近代日本の先駆者である南方熊楠。南方熊楠記念館のホームページによると、彼は1867年に和歌山県で生まれました。その後、1883年に上京すると神田の共立学校（現開成高校）に入学、翌年には東京大学予備門（現東京大学教養学部）に入学します。

同級生には、夏目漱石や正岡子規など、のちに明治という時代を創る俊才たちがいましたが、熊楠自身は学校へあまり行かず、図書館に通い、和漢洋の書籍を次々と読破。筆写を続けて、『南方熊楠叢書』など、独特の抜き書き帳を作りました。さらに西ヶ原（現北区）や大森（現大田区）で土器などを、鎌倉や江ノ島では魚介類を採集する生活を送っていましたが、苦手な「代数」の試験で落第すると、予備門を退学。1886年には和歌山へ帰郷し、その年には横浜から船に乗ってアメリカへ旅立ちました。

●牧野富太郎

「日本の植物学の父」と呼ばれる牧野富太郎。高知県立牧野植物園のホームページによれば、

1862年に造り酒屋の息子として高知県に生まれた彼は、小学校へ入学すると途中で自主退学。退学後には好きな植物採集をして過ごしました。そのまま植物学に傾倒すると、日本中の植物を書籍にまとめ上げることを夢として描きます。22歳の時に黎明期の東京大学理学部植物学教室への出入りを許され植物分類学の研究に打ち込むことに。

いずれも社会に革命を起こしたり、道を切り拓いたりした「異才」と呼ぶに相応《ふさわ》しい存在ですが、彼らが子どもの頃、そうなるとは誰も思っていなかったはずです。ただ、変わっていたのは確かで、親や先生は困り果てて放置したのか、いずれも伸び伸びと育っていることが感じられます。

これが現代だったらどうなっていたでしょうか？

もし彼らの才能が見出されていれば、「ギフテッド」だと教育や心理学の専門家らから診断され、特別な教育を施されていたのかもしれません。あるいは、集団に適さない「発達障害」だと医者から診断されて、社会性を身につけるための訓練をさせられていたのかもしれない。いずれにせよ、そのユニークさの芽を潰されてしまい、結果、凡人になっていた可能性は否定できないと筆者は思います。

現代でも彼らに通じるユニークさを有した子どもが多くいます。そうした子どもたちは今も、社会からの集団同調を求める圧力や、押し付けられたルールや常識と戦っています。

第四章

学校の壁

「違う」教育をやってみた

学校にあるいくつかの壁について

以前にも増して、最近「学校に子どもが馴染めない」と心配する親が増えているように筆者は感じています。

その結果、親は「子どもが教科書を読めないので、タブレットの持ち込みをお願いしたい」、「子どもの興味が違うので、内容をそれに合わせてほしい」、「ペースが遅いので時間を延長してほしい」といった希望を、学校に伝えるようになりました。しかし、一クラスに何十人もいる児童、生徒を一斉に教える先生からすれば、そんな余裕があるはずもないので、単に親のわがままやクレームとして聞きながしているかもしれません。学習指導要領に定められた単元をちゃんと教えなければならない先生ができることには、実際、限度があります。しかし、子どもが可愛い親は、なんとか学校での問題解決が図れないか、一所懸命に模索する。そしていつの間にか学校を、壁として見出すはずです。

組織の壁――複数のステークホルダーが存在

そもそも学校は、いくつかの組織から成り立っています。

小・中学校なら義務教育ですから、国の定めた法律の元で学習指導要領に従い、決められた時間数の教科を、教科書を使って教えていくことになります。

それを教える教員の養成は、国が定めた教員免許を発行できる大学や学部中心に行いますが、免許そのものの交付や採用試験は各県の教育委員会が実施。採用された教員は、市町村が管轄する学校への配属となります。そして学校ごとに最高責任者としての校長がいるのに、県にも市町村にも教育委員会があって、そこに委員会の最高責任者である教育長がいます。

つまり、学校には学校長、市町村教育委員会、都道府県教育委員会、文部科学省という複数のステークホルダーが存在しているのです。

そのため、もちろん事案によりますが、もし学校ですぐに解決できないような問題が生じれば、責任の所在が明確でないことから「現場は上の判断で」「上は現場の判断で」といった、たらい回しがしばしば起こります。

教育内容も、義務教育であるが故に全国一律で自由度は極めて低く、親の要望に臨機応変に応えることは難しいというのが実態です。

学習指導要領の壁――自由に学びたいだけなのに

検定された教科書を使い、教科ごとに決められた時間数の授業を実施する義務教育。すでにあらゆるものがデジタル化されて長いですが、2021年2月現在、教科書において、デジタル教科書はあくまでも副教材にとどまり、印刷された紙の教科書を同時に使うことが原則になっています。授業についても対面が原則で、2020年の春、コロナ禍で一斉休校となった際に行われたオンライン授業もなかなか授業時間数に加えられませんでした。そのため、多くの学校では、土曜日や夏休みなどに補講を行う必要がありました。

一方で、ここまでに記してきたようなユニークな子どもたちの多くは、そもそも集団での一斉指導の中で学んでいくことをあまり得意としていません。「個々に応じた教育」と言いながらも、現実として学習指導要領に則ることが重視され、変わらない形で続く教育のもとで学ぶのは容易ではありません。

本来なら、教科書も時間割もない、そんな緩い授業や教室があってもいいのかもしれない。しかし現在の学校教育の中で、そんな自由な学び方は認められていません。通常教育の中、一部の生徒を対象に、特別な授業スタイルで教えることは大変でしょう。通級指導教室と呼ばれ、一部の時間だけ部室などを使い、少人数で教えるクラスはありますが、特別支援教育の範疇に入ることからか、そこで学ぶのを拒否する子どもや親もいます。

ユニークな子どもの多くは障害があるわけでなく、もっと自由なスタイルで学びたがっている。それだけなのに。

価値観の壁――ユニークな生徒は教師の価値観から遠く離れている

国立教員養成系単科大学である北海道教育大学、愛知教育大学、東京学芸大学、大阪教育大学。この四大学では、教員養成の高度化支援システムの構築を目指し、各大学の頭文字を取った「HATOプロジェクト」として「HATOプロジェクト」というものを進めています。うち愛知教育大学が「教員の魅力プロジェクト」として「教員の仕事と意識に関する調査」を2016年に発表しました。

全国5373人の公立小学校・中学校・高校の教員を対象にした調査ですが、それによれば「学校教育で育てたい力」として、「他者と協働する力」「自分で学ぶ力」「あきらめず頑張りぬく力」の三つを小・中学校教員の7割以上があげています。

一方で「情報（ICT）を道具として使いこなす力」「職業にかかわる専門的な知識」「物事を批判的にみる力」をあげた教員は3割以下に過ぎませんでした。

この結果からは、コミュニケーションを苦手とする子どもや、好きなことしかやりたがらないような子どもだと、教師と価値観が合わず、認められにくい状況にあることが想像できます。つまりこの本で繰り返し触れてきたようなユニークな子どもは、今現在、先生たちの価値観から、最も遠いところにいるのです。

忙しさの壁——世界一多忙な日本の教員

同時に、あまりにも忙しくなった個々の先生からすれば、未来の学校の姿など、考える余裕も無さそうです。

以前より、学校においてはあらゆる管理が厳しくなっています。特に２００２年からは、文部科学省が学校設置基準において学校評価を求めるようになり、学校でもＰＤＣＡサイクルの確立が強く求められるようになりました。

ＯＥＣＤ加盟国など48カ国・地域が参加（初等教育は15カ国・地域が参加）し、日本では小学校約２００校及び中学校約２００校の校長が参加した「ＯＥＣＤ国際教員指導環境調査」（２０１８年度）によると、参加国・地域の中学教師の平均勤務時間が38・３時間／週であるのに対し、日本の教員の労働時間は56時間／週にまで達し、これは参加国中で最長となっています。

それだけ多忙になっているにもかかわらず、学習進度は守らなければならないので、学習につまずきのある子どもなどへの個別対応が難しく、また同時に、個々のペースを容認しにくくなっていることが考えられます。逆に、学習進度が早いような子どもたちも、現在の法律で飛び級が認められていないことから、一斉指導の中で授業の妨げと認識され、結果として排除されている可能性もあります。

学校の壁を越える「異才発掘プロジェクトROCKET」

そうした状況の中、筆者らが2014年に始めたのが「異才発掘プロジェクトROCKET」です。

このプロジェクトは、これからの日本に必要なのは、既存の枠における優秀な人だけでなく、自由な時間と場所の中で、過去の概念やその周辺の停滞感を打破するような人、自由で革新的な主張を実現できる行動力のある人では、という想いからスタートしました。

そこで後者の条件を満たす人材を考えた際、ユニークさゆえに不適応を起こした子どもが持つ潜在能力に注目したというわけです。

そもそも学校に通っている子どもの場合、彼らを平日の昼間に集めて授業を行うのは、現状の義務教育を考えれば容易ではありません。一方で不登校の子どもの場合、学校長の許可さえ得られれば、彼らが東京大学の先端研に集まって学んだり、あるいは、北海道の原野で授業することもできるのです。

不登校として家の中に一人閉じこもるより、家の外に自らが望んで参加してくれるプロジェクトがあれば、その方がいいに決まっています。実際、全国の校長先生方は大方、認めてくださいました。

２０１４年から２０１９年までの間に、この「ＲＯＣＫＥＴ」に応募してくれた子どもたちの数は２０３５人に上ります。そこで選抜されたスカラー候補生は１２７人。オープンプログラムも含めての参加者は３４７９人、セミナーへの参加者は８６１２人にまで達しました。

選抜された子どもたちには、定期的な先端研でのプログラム（トップランナートーク、ビジネスや心理プログラム、社会課題に関するディスカッション）、活動型プログラム（Activity Based Learning）と各地でテーマごとに展開されるプログラム（Project Based Learning）、各自が自主的に行う学びを用意しています。

これまでに実施したプログラムは３３７回。不登校傾向の子どもの持つ自由な時間を最大限に活用することで、なるべく彼らの能動性を引き出す学習環境を提供してきました。

そのようにして、学校も家族も持て余しているような子どもを選抜したら、どうなったか。自分の好きなものを見せて喋り続ける子。自分の思い通りにならなければ泣き叫ぶ子。自分と考えの違う子どもをとことん攻撃する子。まったく喋らない子。ウロウロして教室に入らない子。本当にユニークな子どもたちが集まり、これはルールなんかでとても縛れなそうだ、などと筆者はワクワクしました。

授業では、全員一斉の「起立・礼・着席」などももちろんありません。空いている席に座るもよし、もちろん立ち歩いて聞いていても問題なし。質問は自由で、面白くなければ退室可能です。

その代わり、誰かに迷惑かけるような行為は厳禁。

たとえば遅刻した子に「遅れたらダメ」と注意はしませんが、予め「連絡のない遅刻者は教室に入れない」と伝え、本当に部屋に入れていません。旅先でも「8時の出発時間にホテルのロビーに集合していなかったら置いていく」と伝えて、実際にそうしています。

大事な子どもを預かっておいて無責任だ、と言われればそれもその通り。しかし、やっぱり子どもには妥協しません。もちろん、プロジェクトに参加してもらうにあたり、親にはそのことを説明して承諾を得ていますが、制限をほとんど設けない自由な環境だからこそ、妥協しない部分は曲げない。それによって、わがままに生きてきた彼らに、自分で責任を取ることの大切さを理解してもらい、また、こちらも教えることができるわけです。

プログラムのポリシー

「ROCKET」に集まるのは既存の学校に馴染めなかった子ですから、そこと同じことを行うのは避けています。むしろ、学校とは正反対の学びを展開することにしました。たとえば以下がそのポリシーです。

〈目的なし〉

何もかも目的が明確でないと、今の社会ではなかなか受け入れられません。そのせいか、子どもにアクティビティを提案すれば「何のためにするの？」「それをやってどんな意味があるの？」と聞き返してくるのが大半です。彼らからは、ただ「面白そうだから」で許されない環境で育ってきたことが伝わってきます。

しかし、目的を厳密に設定すると、それに合わない子は興味を失うか、排除されてしまいます。逆に目的を曖昧にしていれば、それぞれが小さな目的を設定し、それで楽しむことが可能になります。

たとえば書道の時間に「このお手本に従って〝初日の出〟と書きなさい」と子どもに指示した場合、目的が明確です。一方で「お正月を表現するものを書いたり、作ったり、あるいは、探して持ってきなさい」と指示したら、とてもゆるやかです。

子どもは本来自由に動くもの。なのに「こうしなさい」と指示され、その指示通りやることで評価されてきた子どもたちは、お手本に従った課題を前にすれば、すぐにこなします。しかし、自分の判断で行う課題を前にすると、途端に苦労します。実際、目的が曖昧だと不安を感じてしまう子どもが増えています。先ほどの書道の話題の場合にも、何をやればいいのか分からなくなるはずです。

しかし、これまで勝手なことをやって叱られてきた子どもの場合、後者の課題に生き生きと取り組み、こなしていきます。

そこで「ROCKET」のプログラムの一部では、ゆるい目的を設定した活動、目的地を示さない旅などを実施してきました。こうした取り組みを重ねることで、面白そうだからとりあえず自分の判断でやってみようとする子どもを育てたいと考えているのです。

〈教科書なし〉

教科書があると、それを理解することが目的となり、狭い範囲でしか物事を考えなくなりがちです。

料理を例に考えてみます。同じスーパーで買ってきた食材を使って同じレシピ本を見て手続き通り調理をすれば、切り方や盛り付けの上手い下手はあっても、ほぼ同じ料理が完成します。マニュアル通りにきちんと作る力を養うために、教科書は大切です。毎回勝手に、感覚的に料理をしていたら、いつも違う味になってしまうからです。それだとオーダーされた料理を作るレストランの料理人は務まりません。

しかし逆に言えば、教科書を離れない限り、味に違いは生まれません。教科書を読んで基礎ができたなら、それを離れて自由に発想する。そうすることで新しいものは生まれます。

〈時間割なし〉

時間割を設定すると、その時間の中で上手くまとめることが目的となりがちです。

本来、人にはそれぞれのペースがあります。速いペースの子どもだと、時間割があると残った時間を持て余してしまいます。ゆっくりしたペースの子どもだと、時間の制限があると

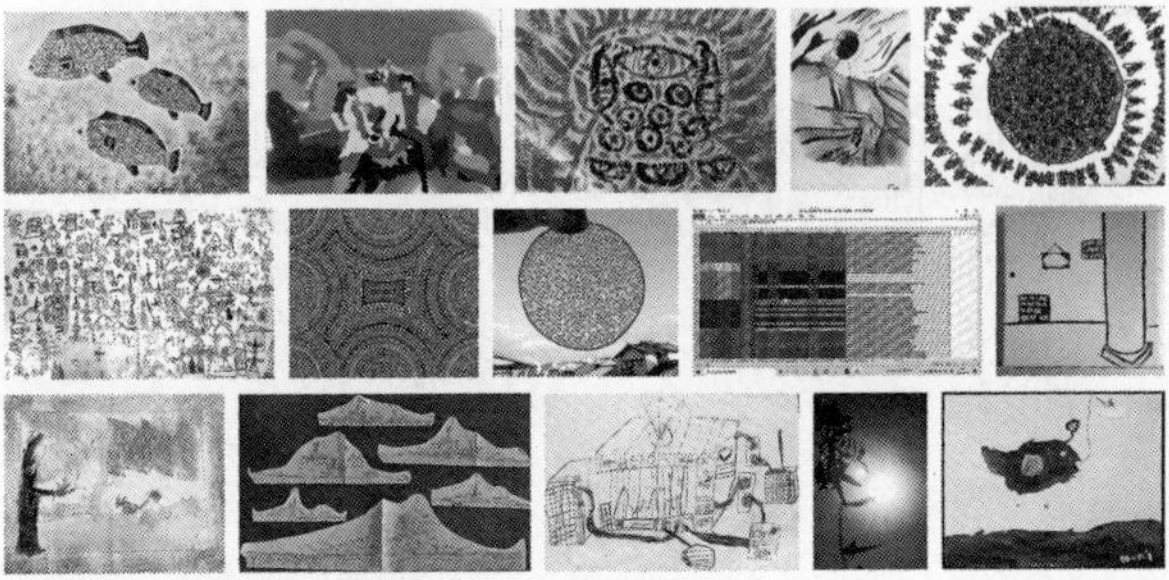

写真1　「やり続ける先に見えるもの」展より

途中で打ち切られてしまいます。

先日「やり続ける先に見えるもの」展という展示会を企画しました。これは、誰かに評価されるためではなく、自分が描きたいことをただひたすらに描いた作品を集めた展覧会です。時間を超えて好きなことをやり続けた先で、彼らが見せてくれる作品の力は、あまりに強烈でした。

その経験を踏まえても、時間割は一コマ一時間などと固定的にするのでなく、子どもにあわせて30分に短くしたり、90分に延ばしたりと、変動してもよいのかもしれません。その方が個性を引き出せます。

〈協働なし〉

今の学校では協働して、それで目的を達成することが求められているようです。たとえば小グループに分かれ、議論しながら課題解決を進めていく授業が増えています。しかし、主張が形成されていないような子だと、それが強い子の意思に流されてしまい、形だけ協働になって終わることもよくあります。筆者は基本的に、一人で目的を達成できるような子どもに育てることが大切だと思っています。最初からみんな一緒では、ユニークな子どもの自由な発想が押さえ込まれてしまうからです。もちろん、その中で協働したいと考える子どもがいればそうすれば良し、一通りやって、やっぱり一人がよいと感じた子どもはそれも良し。そんな自由な集団活動が、きっと活力を生み出します。

壁を越えた人の話を聞く——トップランナートーク

「ＲＯＣＫＥＴ」では、各界のトップランナーをお呼びし、彼らの話を直接子どもに聞いてもらう場を用意しています。これまで学者、職人、アーティスト、実業家、芸人などさまざまな分野の方に話していただきましたが、共通するのはいずれも何らかの壁を越えた方々で、その話には薬があれば、毒も含まれています。それにより知識を学ぶということだけでなく、ある意味で突き抜けた人の、普通とは違った生き方を直接聞き、それでもいいんだと感じてもらえる機会となっています。

なお、その場ではいつでも質問してよく、好きな場所で、好きな姿勢で、そもそも話を聞くことも子どもに強制していません。話の内容に興味があっても、途中でそれ以上に興味のあることが心に浮かび、勝手なことを始める子もいます。

時には講師にまったく目を向けず、スマホを取り出して調べ物を始めたり、文章を打ち出したりなど、来てもらった方に申し訳ないような態度を子どもが示すこともあります。

決して彼らに悪気があるわけではありませんが、慣れない講師の方にしてみれば、とても話しづらいこともあると思います。それでも筆者は子どもに「ちゃんと話を聞きなさい」とは言いません。ある時、生徒があまりにも落ち着かず、講師の方が話しにくそうな状況になったので「先生、気分転換に教室を移っていただけますか？」とお願いしたことがありました。先生はキョトンとされましたが、私とその方が移動を始めると、落ち着かなかった子どもも「僕も行きます」ときちんとついて来たのには、笑ってしまいました。

やはり彼らは聞いてないようで、聞いているのです。実際、聞いていないような子どもから想像を超える反応が飛び出して、驚かされることもしばしば。

たとえばデジタルアートの世界でグローバルな活動を続けるチームラボにて代表を務める猪子寿之さんが講師となり、水族館で行ったメディアアートの様子を解説してくれたことがありました。すると、うろうろ歩き回っているR君が一言、「でもおじさん、それって水族館と関係ないじゃん！」と言い放ちました。これはなかなか鋭い意見です。するとそれに対して猪子さんは「俺もそう思う、だけど水族館に来るのは魚が好きだからか？　みんな癒されに来るんだよ。だからこれもいいじゃないか！」。

さらりと切り返してくれるのも、さすがトップランナーです。こんな大人ばかりの中でこの子どもたちを育てられたなら、きっと子どもも傷つくことなく、ユニークに伸びていくに違いない。そんなことを思わされます。

アクティビティからの学び①――言葉だけの知識を越える

知識には、学校の成績に寄与するようなものだけでなく、生きていくために求められるものがあります。それらは教科書で学ぶより、日常生活に組み込んだアクティビティの中で学ぶ方が実感を持てるし、子どもたちにとっても良い影響を与える場合が多い。でも多くの子どもたちに一斉に活動してもらうのは、場所の確保や監督などが難しいからこそ、やむなく教科書や教材などを通じ、効率良く教えることが多いわけです。

しかし教科書を読むのが苦手な子どもや、逆に教科書の内容をすでに理解してしまったような子ども、または学校などでの学びと現実の生活を結びつけられない子どもなどであれば、やはり教室を飛び出して教えた方が、得るものも多いように思います。

いくつか「ROCKET」で行ったアクティビティ事例を紹介しますが、そこには彼らにとってリアルな、そして枠や壁を越えた知識が転がっていました。


〈図書館と百貨店〉


まず子どもたちを図書館に連れていき、そこで「鉄とアルミニウムと銀の違いは？」という問いを与えると、彼らは本で調べ出しました。するとおよそ1時間後、元素記号が違う、輝き方が違う、重さが違う、サビにくさが違う、値段が違う、用途が違うといった答えを得、それを筆者に報告してくれました。

しかしその子どもたちに、「それなら、君の家のナイフやフォークは何でできているのか分かる？」とたずねると、彼らは分からないと首を振るばかり。要するに、言葉上の知識だけ習得できていても、現実の生活に結びついていないということです。でも学校の試験なら、先ほど本を読んで得られた知識で点数を取れる。こうしたことの積み重なりで、リアリティのない知識だけを備えた子どもが増えているように思います。

そして次に彼らを百貨店へと連れていきました。そこでまた「鉄とアルミニウムと銀の違いは?」と問うと、子どもたちは貴金属売り場や調理器具売り場に向かっていきます。色々な商品を手に取っては重さを比較し、光にかざしながら輝きを確かめ、店員さんの話に耳を傾け、その違いを、今度は体験として理解していきました。そんな子どもに実物を見せて「これは鉄とアルミどっち?」とたずねれば、自信を持って答えるようになっていく。教科書に載った知識を学ぶ教育は大事ですが、子どもには、こうした生きるための知識も同じくらいに必要なはずです。

〈豆を探せ〉

ある日「今日は500円をもって、デパートの地下の食料品売り場で食べ物を買おう」と子どもに伝えると、彼らから歓声が上がりました。しかし「ただし豆を使ってあるものだけ」と伝えると、やや落胆の声が漏れてきました。

それでも500円玉を手に子どもたちは楽しそうにデパ地下に出かけて行きます。その子どもたちを観察していると、多くの子どもは豆腐や赤飯のコーナーに向かうようでした。しかし、いずれも子どもからするとそこまで人気のメニューではないのか、それでは物足らず、さらに必死に豆を探します。しかし豆そのものを探しても、なかなか見つかりません。

そんな中、とある子どもが「ここにも大豆があった！」と声を上げました。彼の手にはなんと焼肉弁当が。実際、豆は醤油などの調味料や、植物性油脂などに加工されていますし、一つそれに気付けば、あらゆる食べ物に豆の存在を見出していきます。ついにはショートケーキにも大豆が使われていることを知った子どもは大喜びでした。しかも、それだけではありません。その先で、この材料はメキシコ産、こちらは中国産などと、世界から食品が運ばれてきていることなどにも彼らは気付き、知識を得ていきました。

毎日何気なく食べているものであろうと、現実での注意の向け方を少し工夫するだけで、実に多くのことが学べるのです。

〈解剖して食せ〉

このアクティビティでは、生きた魚やエビなどの食材を子どもたちに渡し、自らの力でそれを調理して食べることを求めます。

基本的に教科書は存在しませんので、分からないことは自分で考えたり、人に聞いたりして、主体的に調べる必要があります。でもこの課題の場合は、普段人から押し付けられることが嫌いで好き勝手に動く子どもだろうと、あまりに初めての経験のため、フリーズする場合がほとんどです。

それでも空腹には耐えられず、エビなどに包丁を入れ始めます。食べ方については、焼こうが煮ようが、もちろん生だろうと、それはお任せ。味付けも自由です。

とにかく自分の力だけが頼りの料理です。食事の時間を過ぎても、納得のいかない子どもは、もはや解剖と呼ぶべき料理に没頭していきます。結局、全員がなんとか食べ始められたのは開始から4時間後でした。そして、できあがった子どもたちの料理は、それぞれまったく違いました。

もし教科書や見本があったなら、きっと誰が一番上手にできたか、といった評価の心が動き出したかもしれない。でもこの場には評価軸がありません。自分のペースで納得いく調理をした子どもたちは、楽しそうに談笑しながら、自分の手料理を美味しく食べていました。

アクティビティからの学び②――時間の壁を越える

教室を飛び出すというのは、教科書から離れる、という意味だけにとどまりません。時間割に囚われない、ゆっくりした時間の中だからこそ、見えてくるものも多く存在します。

〈最果てを目指せ〉

初夏のある日、内容や行く先はまったく教えずに、８人の子どもに旅の準備をしてもらった上で、東京駅へ来てもらいました。

駅まで来て、稚内までの鉄道経路が入ったチケットや飲食代が手渡され、「今の社会が失ったものを最果ての街で探せ」という、あまりに漠然とした目的が彼らに告げられます。持ってきていた電子機器、本、お菓子は没収され、各駅停車を使い、６日間かけて目的地まで向かう旅がスタートします。

最初は興奮して賑やかにしていた子どもたちも、２日目、３日目とだんだん落ち着き、次第に静かになっていきます。稚内までの長い時間の中、車窓から何かを探すことに熱中したり、絵を描いたりと、各々が何もない生活で時間を過ごす工夫を生み出していきます。乗り換えでホームのベンチで数時間待つこともあります。何の変化もない風景で、ただただ時間が過ぎるのを待つ子どもたち。それに意味があるのかどうか分かりません。でもそれは意味があるのかどうかを考える必要がない、素敵な時間です。

ついに最果ての街にたどり着いた子どもたちは、必死に今の社会にないものを探しては、写真に納めます。帰りは飛行機で東京に戻ってきました。

色々な写真を見せてくれましたが、どれも探すと、東京にあるものばかりです。それで「これじゃダメだな。もう一度探しに行っておいで！」と言うと、子どもたちは「えー！また各駅停車で行くのはいやだ！　遠すぎるよ！」と口々に叫びました。

「そんなに遠かった？　それはよかった！　答えはその『遠い』という距離感だよ」。

現代では、ゆったりと時間をかけて旅をするような機会が減っています。しかもその方がコストもかかります。今東京から北海道の稚内、もしくは鹿児島県の枕崎に行くために各駅停車を使う人はほとんどいないでしょう。だからこそ、無駄とも言える時間とお金を費やして、最果てを目指してもらう。それで子どもたちは、しっかりと「遠い」という感覚を学ぶことができたのです。

〈エネルギーを探せ〉

このアクティビティに応募した小・中・高校生には、旅の装備とパスポートを持ってきてもらった上で、指定された時間に成田空港に集まってもらいました。稚内に行かされた子どもたちと同様、行き先を知らされていなかった彼らに空港でチケットを渡し、そこで初めて自分たちの目的地がインド西部の都市、アフマダーバードであることを知ります。

そして深夜にアフマダーバードにたどり着くと、翌日の早朝からはインド国内でのエネルギー探しが始まりました。

アフマダーバードの南にあるプランテーションから、富豪の館、スラム、大学、農家、超高級ホテル、木賃宿まで、さまざまな場所を巡り、泊まりながら5日後、最終目的地のデリーにたどり着いた子どもたちに、与えた問いについて報告をしてもらいます。太陽光パネルや油田や発電所などを挙げますが、慣れない環境であちこちをまわった彼らは、いずれにせよもうヘトヘト。

そこで「何にそんなに疲れた？」とたずねると、ある子どもが「人の多さとそのエネルギーに」と答えました。そこでやっと彼らは「インドを支えるエネルギーとは人である」という事実に気付くわけです。

子どもたちは旅を通じてたくさんの知識を得るものです。しかし、その多くは大人が設定し、教えようとしたものばかりではありません。課題や目的がなく、時間が有り余るほどあり、また、未知なる物事が溢れる見知らぬ街を歩いてこそ、興味も自然に湧き出して、能動的に学んでいく。

今の子どもの周囲には、制限のない時間や、何もない環境がそれほどありません。常に親や教師が心配し、先回りして準備をするのが当たり前になっています。そして、それが実は不自然なことだと気付いている人もあまりいません。たとえば、学校では管理された環境のもとで、積極性や能動性を育もうとする時間が設定されています。でも、用意周到な環境の中では、真の意味で、子どもの能動性が育つことはありません。有り余る自由な時間は子どもたちに退屈を与え、その退屈が人を動かす源泉になるのです。

稚内にしろ、インドにしろ、こういった旅を続けていたら、よく分からないけど面白そうだからとりあえず参加したいと考えた子どもがたくさん集まるようになりました。実はこの時点で、筆者たちのプログラムは成功しているのです。

学校の壁を越えてどう変化したか？

いずれも学校とはまったく異なる学びだと思いますが、それを経験した子どもたちの意識はどのように変化したのでしょうか？「ＲＯＣＫＥＴ」のスカラー候補生に選抜された子どもたちに対し、任意で「プログラムでの学びについて」と「不登校状況への変化について」のアンケートを実施してみました。

以下その質問項目と回答結果を図表5と図表6に整理しました。

図表5●「ROCKET」を通じて学んだことについて①

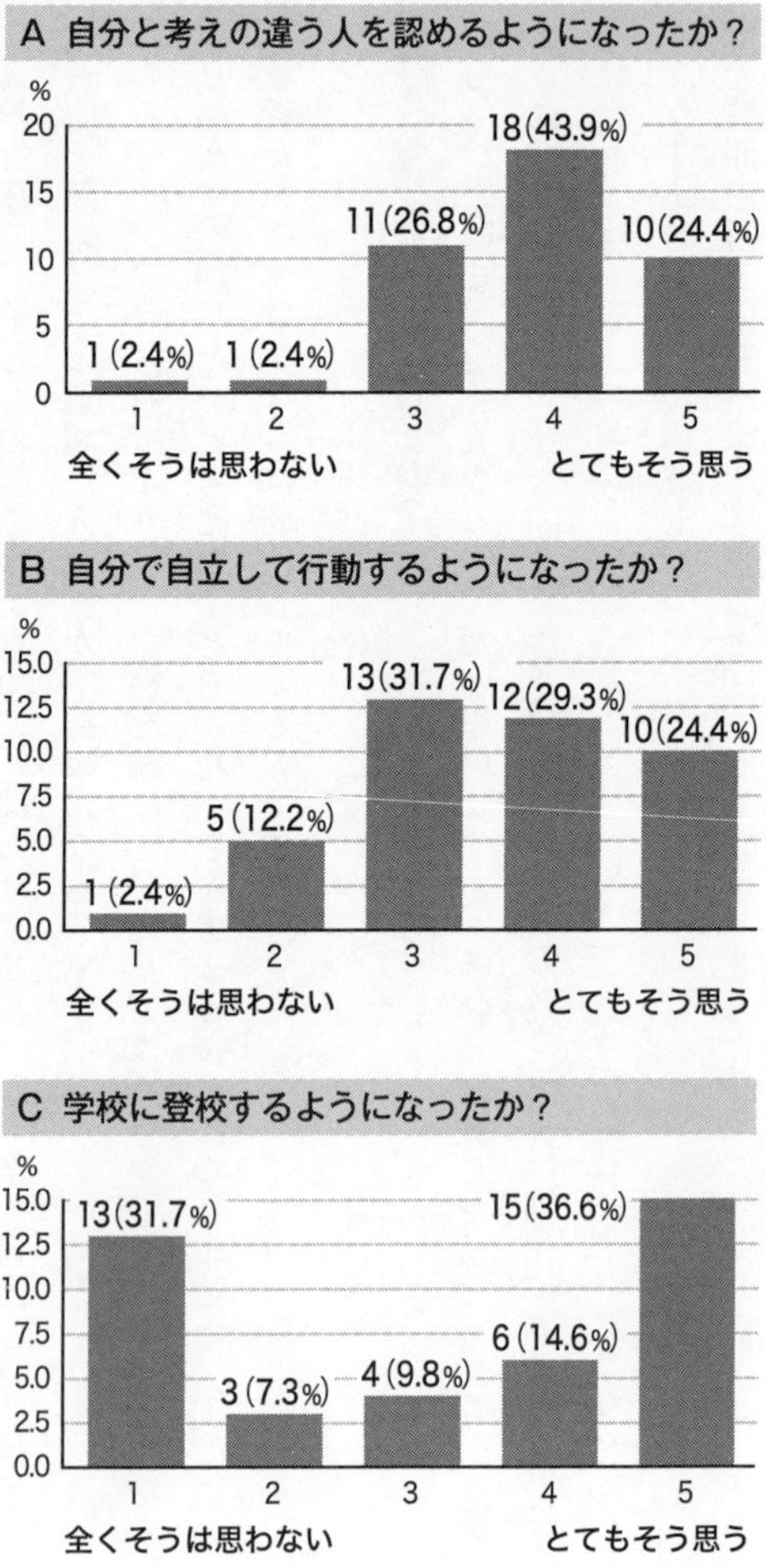

基本的には、ポジティブに変化していることが分かり、「ROCKET」の場で彼らのまわりにあった枠や壁を外されたことで、押さえ込まれていたものから解放されたように感じられます。Ⓒの「学校に登校するようになったか?」という質問項目だけが二極化していま

したが、プログラム前後での登校状況をより詳細に比較してみたところ、図表7に示したように、「ほぼ毎日登校していた（いる）」割合が29％から54％へと大幅に上昇、「行ったり行かなかったりしていた（いる）」割合が44％から17％へ減少していることも明らかになりま

図表6●「ROCKET」を通じて学んだことについて②

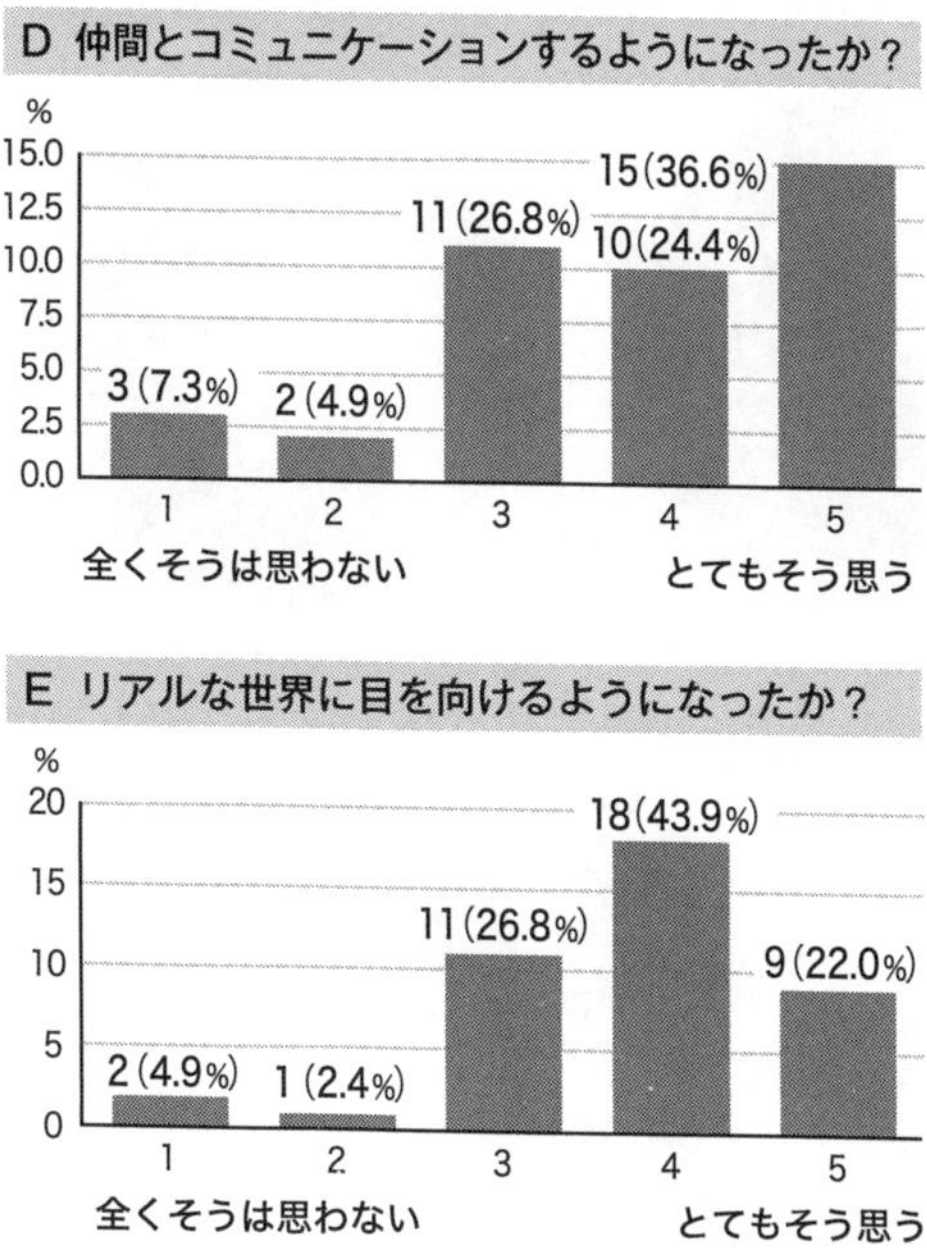

図表7 ● 前後における登校状況の変化

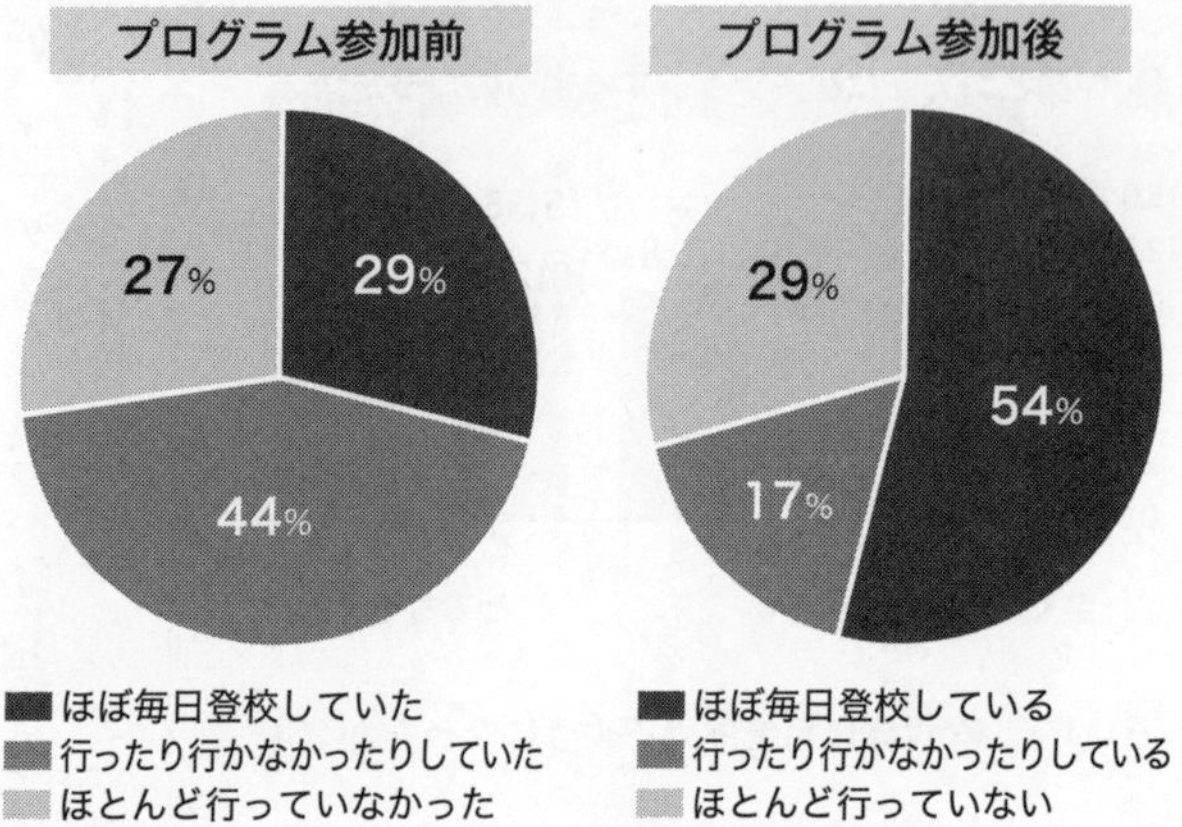

した。

つまりこの結果は、不登校の特権を生かした自由な教育を続けた結果、不登校をしていたうち、半数以上の子が毎日学校に行くことを選んだということであり、皮肉なものです。

プログラムに参加した生物好きのK君（小学校5年生）が、当時以下のような内容で、感想を文にまとめてくれました。これを読むと、その心の変化が読み取れます。

僕は今学校へ行っています。今も学校は全然楽しくないし、僕は学校に向かないと思っています。楽しくない授業もあるし、友達付き合いも疲れます。けれど無駄ではないと分かったから、なりたい自分になるための手段として学校を利用しています。

ずっと学校は無駄と思ってた。いい先生なんていないと思ってたし、行く意味もないからと、好きなことだけをしてきたら、生きもののことには詳しくなりました。けれどそれは、自分の世界の中だけで一番になった気がしていただけです。もっともっと自分を高めなくては本当の一番にはなれないと気付きました。それに気付いたのは「ROCKET」の経験があったからで、物の見方や考え方が少し広がったのは学校での経験があったからです。

前はただ生きものが好きなだけだったけど、今は生きものと自然保護に関わることに興味があります。生きものの生態だけでなく、その土地の環境や歴史、生活様式から、自然を守ることや生きものの生態を考えていきたいです。

4期生に伝えたいこととして、自分の世界を大切にしながら、まわりに目を向けること、人の話を聞いてみることをお勧めしたいです。それは言うことを聞け、という意味ではなくて、見たり聞いたりしたことの中に役に立つことが結構あるということ。「ROCKET」は色々な話を聞けて、色々な経験ができるところだから、ここでの経験を活かして自分の進み方を考えることをお勧めしたいです。

コラム④ カウンセリング技法を取り入れよう

今では病院はもちろん、学校や役場など、さまざまな場所にカウンセラーという立場の方が置かれています。彼らとコミュニケーションをすると、多くの方は「とても話しやすい」と感じるはずです。でももちろん、カウンセラーのすべてが、たまたま聞き上手で話しやすい人だったわけではありません。彼らは専門職としての訓練を受け、カウンセリングの技術を磨いているからこそ話しやすいのです。

そのカウンセリングの技術の中で、最も重要なものとして「相手を受容する」という姿勢があります。それはもし自分の価値観と違うことを相手が述べたとしても、自分の感想や感情はまず横に置いておき、相手の価値観を否定せずに受け止める、という考え方です。

人には感情があるので、普段の会話では相手の発言を受けて、喜怒哀楽が表情や言葉に出てしまいがちです。しかしそれでは相手との会話を穏やかに、長続きさせるのは難しい。ですので、カウンセリングでは時に自らの感情を抑えこみ、価値観を捨て、それで相手の話を聞かなければならず、それなりの経験や訓練が必要とされるのです。

相手の意見を聞き、それを批判したことで喧嘩になる、というケースが頻繁に見られます。

でも、露骨に喧嘩にまで至らずとも、生まれてきた感情によって、会話が中断することはよくあるはずです。

しかし先述したとおり、カウンセリングの基本は「受容」です。そしてカウンセリングの前提として、カウンセラーはなるべく長い時間、相手と話すことで安心感を与え、信頼関係を構築しようと考えます。そのために自分の価値観を抑え、相手を批判せず、長く会話を続ける必要があると言います。

実はこの方法は、カウンセラーではない私たちにとっても大切な考えです。すぐに否定するのではなく、まずは傾聴する。それで言葉を真に受けるのではなく、その言葉の裏にある気持ちまで読みとって返す。それが会話というものです。

一つ例を挙げてみましょう。

中学3年生のS君は、父親との関係がうまくいかなかったことを原因に、2年間、自分の部屋に引きこもっています。夜な夜な部屋では「俺なんかもうだめだ」「死にたい」と大声で叫び、物を投げつける音が家の外まで聞こえてきます。もしS君が皆さんの子どもだったらどうするでしょうか？

「何をやっている！」「近所迷惑になるから静かにしろ！」「甘えるな！　しっかりしろ！」と叱る親もいるでしょう。しかし、そのように親から言われて「はい、分かりました」「ごめんなさい」と謝る子どもがいるでしょうか？

また、普段はおとなしくとも、何かのはずみで真夜中にフラッシュバックを起こし、それでパニックを起こす子どもがいます。むやみに叱ることによってさらに興奮し、喧嘩や暴力などの段階へ発展する事態もよくありますし、いずれにせよ、相手の気持ちに寄り添わないまま、それらを解決するのは大変に困難です。

もし子どもの口から「自分なんかもうだめだ」「死にたい」という言葉が出てきたら、彼らの話をよく聞いてください。その裏に「聞いてほしい」「分かってほしい」という心の叫びがあることを理解しましょう。

「どうしたの？　大丈夫？」「辛いね」と、まずは相手の話を聞くという構えをもって、声かけしてみてもいい。もともと関係が悪くなっている間柄だと、声かけされても、すぐには落ち着かないかもしれません。それでも逃げずに受け止めてほしい。

時には夜が開けるまで待つなど、できるだけ時間をかけて、ゆっくりと会話をしてみましょう。

第五章

あなたが才能を潰す壁にならないために

価値を転換する9つの方法

あなた自身が才能を潰す壁になってはいけない

ここまで子どもを取り囲み、それぞれの才能を潰してしまいかねない壁の存在について、記してきました。

幼い子どもの多くは、放っておけば何をするか分かりません。歩くようになれば、自由気ままに動き回ります。時には座り込んで何かをじっと見つめ、手を引いて先に進もうとすれば抵抗し、電車に乗れば人目をはばからず歌を歌います。楽しい子どもだ、と思って付き合いたくとも、大人側にゆとりがなければそれもなかなか困難です。

そして、まわりの大人や社会も、そんな子どもたちに対して寛容でなくなってきています。だからこそ、幼い子どもを外に連れ歩けば、かつてより気を遣わなければなりませんし、人の目を気にせずに子育てをするのは難しい時代になりました。

子どもが自分の言うことを聞かないからと、インターネットをのぞけば、しつけにまつわるさまざまな情報が氾濫しています。ほかの子どもに合ったやり方が、自分の子どもに合うとはかぎらないのに、焦って試しては比較してしまう。

学校は学校で、今や競争の場です。学年が上がれば、受験勉強の話が日常的に親同士で交わされ、置いていかれては大変と、子ども以上に親が熱心になり、受験に取り組ませる姿も見られます。そこでは当の子どもは置いてきぼりです。つまり私たち大人が先回りし、誘導し、知らず知らずのうちに子どもの行き先を阻む壁になっているのです。

でも子どもはロボットではありません。ロボットだったら電源が切れない限り、朝も夜も、夏も冬もほぼ変わりなく働いてくれます。そして、ロボットが組み込まれた最新の機器はなかなか故障しません。そうした機器に囲まれ、便利で快適な生活に慣れてしまった現代人は、自分のまわりのあらゆるものが安定して動くのが当然と考えがちです。もし自分の動きを阻害する機器があればすぐに買い替えてしまいますし、使い勝手が悪かったり、故障しがちであったりしても、だましだまし使う、なんてことも減りました。

たとえば、80年代のパソコン（当時はマイコンと呼んでいましたが）はとても不安定でした。「雨の日は調子が悪い」「接続が悪い時は、斜めに置いてみて」「叩くと動き出すよ」といった会話が、笑い話ではなく、真剣にあった時代です。筆者世代はそんな生活を経験してきたからこそ、不安定な子どもたちも愛おしく思えてきます。

とにかく私たちはまず、しっかりと一人の人間としての子どもという存在を理解する必要があるでしょう。そしてその意味では、視点と行動を変えて価値を転換できれば、子どものことがよりよく見えてきます。価値を転換できなかったからといって、決して大人の論理で子どもの邪魔をし、才能を摘み取る大きな壁になってはいけないのです。

この章ではその「私たち大人が才能を潰す壁にならないための方法」について、具体的に考えてみたいと思います。

視点をずらす

人は「枠」を作ることで、自分のポジションを明確にしています。たとえばそれは会社、学校、クラスなどのような任意に作られた「枠」もあれば、人種、性別、障害など、生まれつき規定されている「枠」もあります。

その「枠」に収まった集団（マジョリティ）の中で、「ほかの人と違う」という理由で奇異な目で見られたり、枠の外に追い出されたりする人もいます。発達障害などの診断を受けるような子どもたちは、まさにその典型です。

みんながみんな、違う振る舞いをしている集団なら、彼らも少数派（マイノリティ）として排除されることはありません。しかし「みんな仲良く元気良く」といった標語を掲げる学校の中で学ぶ子どもたちの多くは、そうなることが良いと信じ、実際にそのように振る舞うようになっていきます。本来は強い個性を持つ子どもでも、それを発揮したり、振る舞ったりすることができず、マイノリティに属していくわけです。

大人はよく子どもに対し、「自分たちのいる『枠』の外にいる人たちについても、理解しなければいけないよ」と説きます。そして、多様性への理解を深める教育を学校で行ったりしますが、その多くは身体に障害を持つ人や、自分たちとは違う人種の人たちについて理解をしよう、といったものになりがちです。しかし、これでは、マイノリティを排除するシステムの中で生きながら、排除された人を理解しようという矛盾に陥ってしまっている。しかもそれが分かっていても、誰もその矛盾を解消しようとはしないのです。

このように「多様性理解」を訴えながら、結果として、ただ単に違う「枠」を強調する教育になってしまう例は数多くあります。

ただし、ここで誤解を避ければ、枠を作ること自体が悪いのではありません。「枠」は、基本的に均質な人を囲っているため、その中で争いが起きにくく、皆が同じ方向を向いているため、作業を効率良く進める上で好都合だと言えます。しかし、「枠」が硬直化してしまえば、その組織は安定する分、変化が起こりにくくなります。そして今の日本は、まさにその硬直した状態にあります。

「枠」を作り、それを持つことそのものが悪いのではなく、色々な「枠」を持っていないことが問題なのです。そして「枠」を多く持つためには、視点をずらすことで、空間の軸や時間の軸を変え、さまざまな「枠」で人や物を見ることが大切になってきます。

(1) 人ありき

現実として、長い時間をかけて築かれた自分の価値観の前で、相反する他者の価値観を認めることはなかなか容易ではありません。だからといって、頭から否定せずとも、相手がそのように考えた背景などを考えることはできるはずです。

ここで注意しなければいけないのは、紋切り型に人を決めつけないことです。たとえば「視覚障害を持っている人」と聞いて、どんな想像をするでしょうか。

多くの人は、「まったく目が見えていない人」のことを想起しがちです。しかし、皆さんが想像したような人が視覚障害者のすべてではなく、もちろん、その一例に過ぎません。たとえば視覚障害を持ち、白杖をついて歩いている人でも、ぼんやりとモノの形が見えている人は多くいます。

そんな人が、月を見上げて「今日の満月はきれいだね」と言ったら、皆さんはどう思うでしょうか？　一部の方は「この人は嘘をついているのでは」と驚いてしまうのかもしれない。

これが決めつけです。「障害者（Disabled People）」と聞いた時点で、目が見えない人や車椅子に乗っている特別な人を想像してしまう。

でも障害も含めて、人はすべて違うもの。だからこそ色々な人と会い、話すことが楽しく、また勉強になるわけです。

「枠」を設け、誰かにラベルをつけることは便利ですが、それはたまたま一つの側面で括られているだけに過ぎません。それなのに、必要以上にその枠のラベルが大きな影響を及ぼしてしまう。そこに、ラベルで人を括ることの危険性があります。

前提として、人は皆違う、という事実を理解しておくことは不可欠です。あくまで一つの特性として、障害を有しているだけに過ぎない。そう考えた人たちが中心となって「自分たちを『障害のある人（People with Disabilities）』と呼ぼう」と主張しています。これは障害も、人に付随する特性に過ぎないという考え方で、つまり「人ありき（People First）」というものですが、とても大切な姿勢だと思います。

同じように、子どもが持つ問題点ばかり見ていたら、その子は問題児としか映りません。あくまで一人の子どもで、たまたま問題を持っている。その視点は大切です。いつであろうと、目の前の子どもは一人の人間であるという事実を忘れないようにしましょう。

(2) 自分と違う人

自分と全く違う生き方を選んだ誰かと会って話をした場合、自分と違う視点に驚かされることがよくあると思います。そんな誰かに会う機会が多く、それで驚くような経験が増えれば増えるほど、自分の心の幅も広がり、誰に何を言われても「それもありかな」と思えてくるはずです。

しかし、違う生き方をする人と出会い、実際に話をするのは容易なことではありません。科学者にアスリート、ジャーナリストに職人、ホームレス……。いざ会おうと考えても、そうした機会を創出し、声をかけられるところまで進むことができる人は少ないでしょう。

デンマークではかつてより「リビングライブラリー（現在はヒューマンライブラリーと改称）」というイベントが行われてきました。これは、さまざまな経験をした人たちが、自らの生き方をタイトルとしたいわば〝本〟となり、その話を聞きたい、知りたいと考えた人へ直に語るというイベントです。

日本でも京都国際会館で毎年開催されているＡＴＡＣカンファレンスの中で、２００８年

12月に同様のイベントが初めて開催され、現在でも当事者団体が開催する催しなどを通じて、そうした機会を得ることができるようになりました。

あくまでもその語りはユニークな経験をしたうちの一人の方のものであり、その当事者を代表する声ではないことを理解した上で聞く必要はあるでしょう。ただ、固定観念を打ち砕くようなインパクトのある話に出会うこともあり、有意義な機会になることは明らかです。

筆者も「見えない人の見る夢」という〝本〟を借り、話を聞いたことがありました。私たちが見るような映像的な夢を全盲の人も見るのか、といった話題でしたが、話を通じて夢を見るメカニズムの面白さに気付かされた上、視覚障害のある人の暮らし方の工夫を知ることができました。

やはり、自分と違う人の話を聞く機会は貴重で、増やす必要があるのは間違いないと思います。

(3) 反対側から見る

多くの場合、私たちは他人の職業や生き方に、少なからずイメージを持っています。しかし言い方や視点を少し変えただけで、そのイメージはガラッと変わってしまいます。

たとえば「老人ホームで暮らす孤独な老人」と聞いて、あなたはどんなイメージを持つでしょうか？　寂しい毎日を送り、すっかり老け込んだ高齢者、というネガティブなイメージを抱いたかもしれません。まして彼らに仕事を頼もう、なんてことは誰も考えないと思います。

でも「ネイティブの英語使いでゆとりがある人」と捉え直したら、いかがでしょう。特に非英語圏の人からすれば、ポジティブなイメージに変わるのではないでしょうか。

一方で「開発途上国に暮らす仕事のない若者」と聞いて、どんなイメージが頭に浮かんだでしょうか？　危険に満ちた街で荒《すさ》んだ生活を送る若者、といった怖いイメージを持った人が多いかもしれません。ところがこちらも「英語を勉強して、国を飛び出して活躍したいという意欲を持つ若者」と捉えたら、どうでしょう。若い労働力を求めている国の人からすれば、極めてポジティブなイメージに変わります。

昔であれば、こうしたネガティブなイメージを持つ老人と若者が結びつくことはなかったでしょう。しかし今は違います。この場合の老人と若者は現実としてポジティブな面で結び付いています。

実はこの話は知人から聞いたものでしたが、具体的にアメリカでは、老人ホームに住む高齢者がインターネットを使い、非常に安い値段で途上国の若者に英語を教える、といったビジネスが生まれたそうです。

ネガティブをネガティブなままに見るのではなく、時には反対側から、ポジティブに捉え直してみる。それにより、新しく生まれる価値や世界はたくさんあるはずです。

行動を変える

視点もそうですが、一度パターン化してしまった行動を変えるのはとても難しい。しかし、それでも意識して、いつもと違うことをあえてしてみる。それだけで私たちの心の中に必ず何かしらの変化は起こります。

(1) 休んでみる

責任感を持って仕事をしていればいるほど、軽い風邪を引いたくらいなら会社を休めないかもしれません。そんな親が、特に体調が悪いわけでもないのに学校に行き渋る子どもを見たら、腹を立ててしまうこともあるでしょう。しかし、そうではなく行動を変える。もし何かが辛くて休みたがる子どもが目の前にいたなら、「学校に行け」と追い詰めるより、たまには一緒に仕事を休んでみてはどうでしょうか？

風邪を引けば、見るからに熱やせきが出て辛そうですし、会社を休んでも責められません。でも見た目では分からなくとも、子どもが心に深刻な悩みを抱えているのは、それ以上に家族にとって深刻で、一大事なはずです。

だからこそ、子どもが辛そうにしていたら、大人も堂々と有給休暇を取り、一緒に休む。健康なのに休んでは、会社や同僚に申し訳がない、といった気持ちがあることは分かります。ただし、病気であろうが、理由がなかろうが、休みは休み。余っている年次休暇があれば、それを取得して堂々と休む。そしてそうした姿を子どもにも見せましょう。

なお、突然湧いて出た時間をどうするか。もちろん、好きなことをして過ごしましょう。何をしてもいい自由な時間ほどワクワクするものはありません。

しかし「苦労して休みをとった」と考えるような忙しい大人だと、何をしようか、どこに行こうかと悩み始めるかもしれません。そして、その横でダラダラと過ごしている子どもを見てしまえば、怒りがまた湧いてくるかもしれない。

しかしそれも、日頃一所懸命に働きすぎている親の方の問題なのかもしれません。

私がスコットランドで暮らしていた時のことです。ある日「夏休みはどうするの？」と知人にたずねると「アイラ島のコテージで過ごす」という返事が戻ってきました。そこで「コテージでは何をするの？」と聞けば、「何もしない。というか、なぜ休みなのに何かしなければいけないの？」。これには少し驚きました。

話を聞けば、本当に彼は何もイベントを入れておらず、朝目覚めたら朝食をとり、読書したり散歩したり、好きなことをして過ごして、眠くなったら寝るだけの生活を送る予定だったそうです。しかもそれを3週間も、とのこと。休暇であろうと、何か予定が入ってないと落ち着かない日本人からすると、なかなか理解できないことです。

でも実は、何もせずにダラダラと時間を過ごすのはそれなりに難しいようにも思います。ダラダラとしているように見えた子どもたちも、実はそこでいろんなことを考え、その日のためにエネルギーを充電しているだけかもしれません。興味関心のあるものが見つかったら、そのエネルギーを注いで、本気で取り組むのかもしれない。

生まれてからずっとスケジュールに追われてきたせいで、一人で、そして自由時間を与えられると、何をしていいか分からなくなる子どもが増えています。先回りした親に予定を決められ、勝手なことをしてはいけないと言われて育った子どもは、それ以外のことをやって叱られるのを恐れた結果、好きなことが分からなくなり、何もできなくなってしまう。

コロナ禍によって自宅で過ごす時間が増え、働き方も学び方も少しずつ変わってきました。これをいい機会と捉えて親子で休み、エネルギーを充電してみるのもいいかもしれません。

(2) 時間の認識を変える

これまでは「午前9時始業」という決まりがあれば、朝に家を出て、電車や車に乗って会社に向かい、9時前には会社に着いて仕事の準備をしておく、というのが当たり前でした。しかしこうした働き方も、コロナ禍によって大きく変わっています。

厚生労働省の『平成30年就労条件総合調査　結果の概況』によると、フレックスタイム制を導入している企業はまだ5・6%でしたが、それもこの1、2年でおそらく増加しているのではないでしょうか。総務省の『平成29年通信利用動向調査』によれば、テレワークを導入している企業は13・9%にとどまっていました。しかし、内閣府が2020年6月21日に公表した「新型コロナウイルス感染症の影響下における生活意識・行動の変化に関する調査」によると、全国でテレワークを経験した人の割合は34・6%になっており、大きく変化した印象があります。

こうした変化を見ていると、出勤時間や勤務時間といった考え方も薄れていくように感じます。

以前、生活支援工学を専門にしている早稲田大学の巖淵守教授と「ラッキークロック」というアプリを開発したことがありました。このアプリはGPSを使うことで、とあるエリアの中で時間をずらすことができるというもの。

誰もが知っている通り、現実世界では1時間は60分ですが、このアプリの中だけは1時間を30分にも、50分にも設定できる。もしこれで1時間を50分に設定すれば、ラッキークロック内の時間で10時間過ごすと、現実では500分しか経っていないということになります。浦島太郎のような話ですが、つまり、この時間の考えで朝8時から18時まで働くと、仕事場の外に出たらまだ16時20分。1時間40分も時間を遡ることになります。

前述のATACカンファレンスの中で、このラッキークロックを参加者に使ってもらい、「1時間は50分」という、外界と違う時間軸でカンファレンスを行いました。

講師の方には1時間でセミナーを行ってもらうのですが、当然50分で終えてもらうことになります。そして実際、本来1時間かかる話も、そうすることでしっかり50分で終えていただけるようになるのはとても不思議でした。参加者も夕方まで勉強したはずなのに、外に出たら時間が1時間以上も戻るわけです。そう聞くと、なんだか得した気分になりませんか?

実際、1時間を50分にしようと、人はさほど変わりないまま生活できます。閉じられて外部とのやりとりがない場所、作業労働のように時間だけで成果が決まらない職場などに限定されるかもしれませんが、状況に応じてこうした考え方はもっと導入してもよいように感じました。

江戸時代は、日の出から日没までを6等分し、その長さを一刻としていました。つまり季節によって時間の単位が異なるわけです。夏は暑いから日中は休みながら仕事する。冬は暗くなると寒いので、必死に働いて早めに仕事を仕上げる。当時の人の方が、自然に即した時間感覚を持っていたのかもしれません。

(3) 場所をずらす

筆者は音楽に造詣が深いわけではありません。特にクラシックコンサートなどはホールに出かけ、姿勢を正し、正装して聴くものというイメージがあり、あまり好きではありませんでした。演奏の技術も音色も素晴らしいことは分かりますが、それでもなんだか押し付けられている感が拭えなかったりしたのです。

ただそれにも例外はあります。それは80年代に、ボストン郊外のタングルウッドで芝生に寝転がっていた際に、たまたま小澤征爾さんが指揮する音楽を聴いた時のこと。曲名などは覚えていませんが、風に乗って流れてきた音色が、私の上を心地好く通り過ぎていった経験は忘れられません。

ストリートライブの風景を思い浮かべてみてください。もし流れてきた音楽に足を止めることがあれば、それは、おそらく音楽がまったく予期せぬ形で自然に耳に入って、何かが偶然に心に入り込んだからだと思います。筆者はラジオを愛聴していますが、まったくこちらで予想していない曲が流れ、その時の光や風、騒音にマッチした時などには、なんとも言えない気持ちを覚えます。

ある時、東京フィルハーモニー交響楽団のコンサートマスターである近藤薫さんに、「コンサートホールでノイズを排除した環境で聞く音楽は確かに素晴らしい。しかし、そうではなく、本当の感動とは聴き手の心の中にあるものと、流れてきた音楽が偶然同期した時にこそ起こるんじゃないだろうか。ぜひ一緒に旅に出て、海辺や森の中で演奏してほしい」と我ながら、かなり贅沢な要求をしたことがありました。

しかし近藤さんは最初難色を示していました。バイオリンなどの弦楽器は日光や湿気に弱いということもあり、それもごもっともと思います。ただ熱心に話をするうちに「そこまで

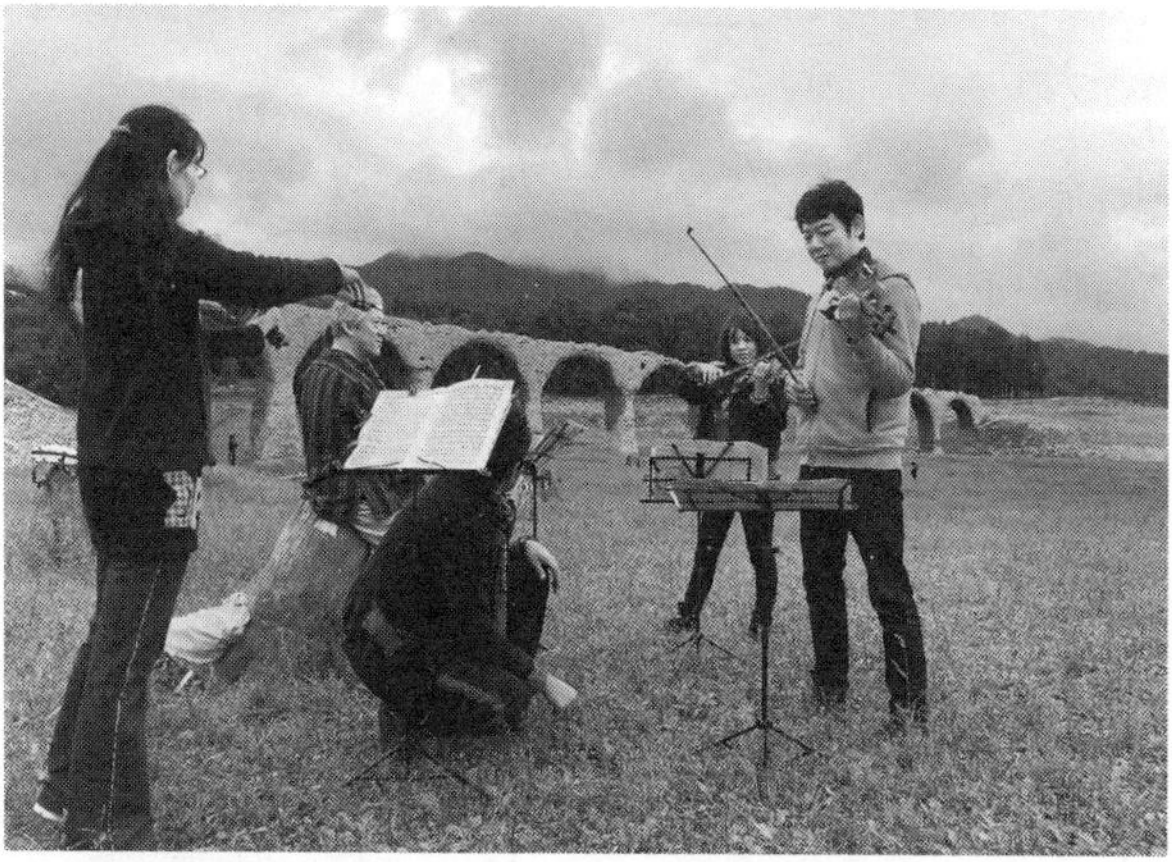

写真２　演奏旅行の様子。タウシュベツ川橋梁跡にて。筆者撮影

言うなら」と引き受けていただき、それで近藤さんと一緒に北海道を旅し、実際にいろんな場所でそこに合った曲を演奏してもらいました。

昆布盛という根室近くの小さな漁港、最東端の歯舞小学校、納沙布岬、十勝の森の馬小屋、羽帯中学校、帯広三条高校、生徒数４人の糠平小学校、タウシュベツ川橋梁跡、白老町ポロトの森、ポロト湖。あちこちで音楽を奏でてもらいましたが、どれも忘れることができない感動を心に残してくれました。

音楽に合わせて納沙布岬ではカモメが飛び、馬小屋では馬が鳴き、夕暮れのポロト湖ではカラスが鳴きながら飛んで行きました。そして自然の中の音や動きが、偶然としか思えない様子で音楽に溶け込み、心の中に入り込んできました。こんな贅沢なコンサートは簡単にできるものではありません。そしてそれを現実に実現できたのは、きっとそうした景色の中で音楽を奏でるという行為について、演奏された当人の心にも何か残るものがあったからに違いありません。

実社会では、ストリートライブのようなものは自治体らの許可がなければ開催は難しいですし、野外に流れる音楽も、ほとんどはノイズの一つに見なされ、排除されてしまいがちです。でももし、野外で音楽に偶然出会う機会があったなら、たとえば「寝転がって」「演奏者を見ずに」「空や雲を見ながら」「目を閉じて」「風を感じて」「木々や鳥や昆虫を観察しながら」一度聴いてみてください。

きっとそうした動きに、音楽が同期する様に驚かされるはずです。そして、環境と音が合わさったことで、それまでに経験したことのないような、不思議で心地好い時間を過ごせるに違いありません。

(4) 目的を変える

大きな美術館の展覧会をたずねるとさまざまな作品が飾ってあります。大半の人は有名な作家の作品や知っている画家が描いた絵を見て、満足して帰ると思いますが、この場合、来た人たちは何を見ているのか。

多くは、その作家や画家の「名前」を見ているのではないでしょうか。逆に言えば、その「名前」という「枠」だけで見ているのなら、もう二度とその展覧会に足を運ぶことはないはずです。

でも美術館に足を運んだのなら、たまには「名前」でなく、「テーマ」で鑑賞してみてはいかが?

たとえば「花」。絵画や作品の中に描かれた花をくまなく探すのはどうでしょうか。それだけで、美術館は植物園になるかもしれませんし、絵が描かれた季節や場所が見えてくるかもしれません。次に行く時はファッションに注目し、次は椅子に注目し、といった具合にその目的を変えていくだけで、美術館は相当に楽しめる場所だということに気付きます。

これはつまり、それまでの「作家」という「枠」を、あなたが別のものに変えたということ。こうした目的を変えただけで、いつもの場所もその姿を大きく変えることになるのです。

残念ながら日本の美術館ではお喋りしながらの鑑賞はマナー違反であるため、それで得た感想を人と共有することが難しいといった点はあるかもしれませんが、目的は一つだけではないということに気付くだけで、楽しみ方も格段に広がるのです。

（5）比べてみる

最近、同調圧力という言葉をよく見聞きします。圧力とまではいかずとも、日本があらゆる場面で、同じであることを求めがちな社会なのは間違いないでしょう。人と違うことは、それだけで和を乱すともよく言われます。

ある時、身体表現の専門家の方と話す機会がありました。彼が、ある小学校で行った研究授業で、生徒に「象の表現をしてみてください」と言ったところ、多くの子が右手を鼻にし、ゆらゆら手を揺すりながら歩く中、一人の子どもだけが首をゆすりながら歩いたそうです。それから授業を終え、先生方と講評を行ったところ、「一人だけ勝手なことをさせては困る」という意見が出て、とても驚かされたそうです。

確かに、みんなが同じ動きをするのが求められる場面もあるでしょうが、こうした場合の表現はあくまで自由です。実際の象も、鼻の長いものから短いものもいれば、その振り方もさまざまのはずです。

また、彼曰く生徒に「目を閉じてウサギの表現をしてください」と言えば、多くは頭の上に両手で耳の形を作り、飛び跳ねるそうです。でも実際のウサギを観察してみれば、彼らが耳を立てる、つまり警戒した瞬間に出会うことは稀《まれ》であることに気付くはずです。

実際、そのほとんどは普段耳を寝かせ、下を向き、草を食べるように口だけ動かしています。つまり、ここで生徒が真似ているウサギとは、実はウサギそのものではなく、ウサギのイラストやキャラクターが、もしかするとベースになっているのではないでしょうか。

ともあれ、このような同調性を重んじた学校教育が主流になってしまうと、一人だけ自由に表現しようとは、子どももなかなか考えなくなります。それぞれが自由に表現するのをなるべく許容し、お互いの違いを比べることができてこそ、豊かな表現を学んでいけるのではないでしょうか。

筆者自身の経験を振り返れば、子どもの頃、貝殻や石ころ、木の実やら、色々なものを集めて、それを楽しんでいたように思います。家に持ち帰ったものを並べて、さまざまな角度から比べて共通点や違いを見つけながら整理する作業はとても楽しく、時間を忘れるものでした。今も海岸に行けば、貝殻をつい拾ってしまいますが、きっと皆さんにもそんな経験があるはずです。

それなのに成長し、いつしか親からの「そんな物ばかり集めてどうするの?」「置き場がないから捨てなさい」という言葉に押され、収集もほどほどになっていきます。

しかし、子どもの頃の「比べる」という経験は、何かを見る際に一つの軸だけでなく、いくつかの軸で見ることの大切さを教えてくれました。大きさで、形で、色で。分類の仕方次第で、全くコレクションの見え方は違ってきます。

これは、人と集団の関係でも同じだと思います。その軸をどこに置くかで、同じ人が揃っていてもあり方は変わってくる。その事実に気付くようになりました。

あなたが、もし理解できない相手を前にしたらどうすればいいか。その時のスタートは、まず観察することにあります。その人と直接会い、話して、さまざまな視点から観察してみましょう。

「なぜ変わった子どもだけを集めてプログラムをやっているのですか?」「大変でしょう」と言われます。しかしこれも究極のところ、自分が面白いからやっているのにほかなりません。子どもの頃からの興味がいまだに消えておらず、色々な特性を持つ人を同じ場に集めて、それで何が起こるか見てみたい、などとどこかで思っているのかもしれません。

たとえば日常使っているカップやグラス。一客だと何の変哲もありません。しかしこれも数を揃えると、新たな意味や価値を発揮します。また置き方を変えれば、その見え方は変わります。

そして、それは子どもたちも同じです。誰といるか、どこにいるかで全く彼らの見え方は違ってきます。ぜひチャンスを見つけて、比べてみてください。

(6) 感覚的会話を楽しむ

ほとんどの場合、誰かに何かを教える際、体系立て、システマティックに説明することが最良とされています。実際、何かの物事を覚え、試験に備える時などはまさにこの方法が有効です。そしてこうした方法は、学ぶ意欲がもともと高い子には有効ですが、意欲の低い子や、その課題に興味のない子にとっては面白くないことが続き、溝がさらに深くなっていくだけ。それでは、ますます分からなくなり、また退屈になっていきます。

なお筆者の研究室には、マニアックな趣味を持つ人が集まりがちで、北欧のアアルトのガラスについて、カルフラ時代とイッタラ時代のどちらがいいかといった議論が行われたりしますが、やはり興味のない人には聞いていても辛いものですし、そうした場は避けたいものでしょう。

一方、お茶を飲みながら、日曜日にのんびり過ごしている時の会話を想像してみてください。おそらく以下のように、全く脈絡がないまま、話が流れていくことがよくあるのではないでしょうか。

「このコーヒー美味しいね」

「僕が焙煎したんだ」

「すごいね。私は薫製を作るよ。そういえば昨日も釣ったイカで作った」

「美味しそうだね。どこで釣ったの」

「佐渡島」

「ずいぶん遠くで釣ったんだなあ。そういや佐渡と言えば、金山が有名だね」

自分の知識に引っかかる話題を出し、相手も自分の知識に沿って話題を出す。そのやり取りの中で、もし自分が知らない知識があれば、相手に質問する。そうしたやりとりが楽しくなり、浅いかもしれませんが、長くゆっくりした会話を続けていく。

そこで得る知識は、目の前の試験や受験には直接役立たないのかもしれません。しかし、そういった会話の連鎖を楽しむことこそ、私たちが発想を豊かにする原点のようにも感じます。

認めてあげるということ

この章を読み進めたことで、心の中に何か変化は生まれたでしょうか？　視点にせよ、行動にせよ、子どもを見守る大人の皆さんの許容範囲が少しでも広がってくれたらいいと筆者は感じています。

たとえば自分の子どもが、親たちが子どもだった時代とまったく違った学び方をしていたとしても、心配する必要はありません。

もし理解できないと感じたら、彼らを今までと違った視点で多面的に見て、認めて、向かい合う。それができたなら、必ず解決に向かって歩くことができます。問題と見られる行動をしていたとしても、その裏には必ず何かしらの意味があるのですから。

そんなに楽観的に言われても困る、と感じた方もいるかもしれません。だからといって、ネガティブに否定し続けても、それはそれとして状況が変わるわけではないのです。

問題をネガティブに捉えてしまえば、それについて考えただけでイライラします。そこをあえてポジティブに捉えるという工夫をすれば、自然に気持ちが楽しくなり、ヒントも次第に見えてくるはずです。

忘れてはいけないのは、子どもたち自身、自分で「変えなければ」「変わらなければ」と思っているという事実です。だからこそ、見守る私たちの側が見方や行動を変えることで、子どもを変えるのではなく、彼らを認めてあげましょう。きっとその方がいいに決まっています。

コラム⑤　科学的視点を取り入れよう

言うまでもなく、ほとんどの親は子どものしつけに苦労しています。素直で親の言うとおりにする子がいれば、ガミガミ言わないと聞かない子もいますし、親が言うことすべてに抵抗する子どももいます。ただし、そもそもですが、言って聞かせれば分かる、という考えには無理があり、何度言っても従わないのには、それなりの理由があるのです。

しつけをする際に大切なのは、果たして子どもが言われたことを理解できているか、という視点です。注意を向けられない、あるいは言われたことが多いと処理できないなど、子どもの特性によって、工夫をした方がいいケースがあります。

ここで「TEACCH」という方法を紹介しましょう。これはドイツ生まれのアメリカ人、エリック・ショプラーという心理学者らが開発した、自閉症の子どもとコミュニケーションを取るための技法です。

この方法が紹介されるまで、日本の知的障害の特別支援学校は、先生の怒鳴り声や子どものパニックの声などが交錯し、とても騒々しい場所だったと思います。家庭でも同様で、指示に従わない自閉症の子どもと親が言い争いになり、パニックを起こすようなことがよく見られました。しかし「TEACCH」の考え方が普及して以来、大きく改善されてきています。

「TEACCH」の基本は、視覚化と構造化にあります。

ここでの視覚化とは、耳で聞いた物事をそのままでは理解しにくい子に対し、そのメッセージをシンボルや写真に置き換えるということです。視覚化し直すことで、言葉そのものの意味が分からなくても理解できますし、言葉を一度には記憶できなくても、見返すことで対応できるようになる、という考え方です。

もう一つの構造化は、情報を留めて具体化するということを指します。たとえば、椅子がたくさんある部屋に呼ばれ、「好きなところに座りなさい」と言われると、途端に混乱する子どもがいます。彼らは多くの情報が漠然と流れると、それを理解・処理できないという性質を持っています。そのため、この場合なら椅子を予め赤や黒、青などに色分けしておく。それで「赤い椅子に座ってね」と具体的に言われれば、簡単に指示できる上、子どもにも伝わりやすいというわけです。

あるいは、予定がはっきりしないと落ち着かない、予定変更が苦手という子どもがいた場合、彼らの頭の中では、伝え聞いた情報が記憶として曖昧になってしまい、結果、前後関係が理解できなくなっていることが想定されます。そうであれば、彼らに対しては、ホワイトボードやカレンダーに書き込み、それを見せながら話をすればいい。

長針と短針からなる文字盤を読めない子に「あの時計で5分待っていて」と指示しても、理解が得られません、でも砂時計やキッチンタイマーを使えば、それですんなり理解をし、落ち着く子どももいます。

こうした「TEACCH」の手法は、自閉症の子どもだけでなく、同じような特性を有する子どもや大人にも有効です。

対応に困る子どもの行動を目にすると、すぐに専門家に頼ろうとする人がいます。しかし、いったん冷静に考え、自分の視点をずらして論理的・科学的に考えてみれば、それで意外と簡単に解決の糸口が見つかることもあるのです。

第六章

壁を越えた先へ

より個性が必要とされる時代の到来

人の意識はどのように変わっていくのか

いよいよ本書も最後の章になりました。最終章ではここまでに記した壁の数々を越えた先での教育のあり方や方法を考えつつ、この先にやってくる未来について検討したいと思います。

まず、私たちの足元にある「今」ですが、先人たちの積み重ねの賜物であり、彼らが頑張ってきたからこそ、存在しているのは間違いありません。

しかし、みんなで競い合いつつ、能力を高め、みんなで力を合わせて対峙するという先人と同様なスタイルで解決していく場面はこの先、少なくなっていくと思われます。もし現実の集団で適応が難しいようなことがあっても、より自由度の高いオンライン空間などを通じてつながり、それで解消する部分が増えていくはずです。

そう考えれば、これからは個々が、それぞれの個性をより活かしながら生きていくのと同時に、お互いを尊重し、より高いレベルでの調和を図る時代になるのではないでしょうか。

つまり、今までとは頑張る方向も社会も変わっていくのが当然であり、そのような変化が生まれるのを前提とした上で、これからの未来を考える必要がありそうです。

不安定さを増す社会を進むには

これまでの社会が求めてきたような、オールマイティで協調性のある人材。その養成だけに力を注いでも、日本の未来は決して明るくないという事実が、この本を読んだ多くの方には見えてきたと思います。ではそれならば、これからどんな人材を育てていけばいいのでしょうか。その質問に対し、絶対と言えそうな正解は未だ分かりません。

国は2020年、デジタル庁の設置を宣言し、デジタル化の動きを加速し始めました。AIやロボットなどの分野はもちろん、社会のDX（デジタルトランスフォーメーション）化を推進できるような、高度な専門性を有する人材を養成すべく、教育もデジタルへのシフトを進めています。小学校からのプログラミング学習やGIGAスクール構想、STEAM教育の推進などはその基礎固めで、確かにこの先、そうした能力に長けた人が社会をリードしていくのも間違いないでしょう。

社会をリードする側に自分の子を立たせたいと親たちも必死になっているかもしれませんが、誰もがそれに適しているわけではありません。たとえば、プログラミングにまったく興味を持たない子どもたちに、親の努力でその分野の専門性を身に付けさせるのは残念ながら難しいように思います。

そうしている間にも、社会はさらに変化していきます。社会のニーズに合致した人材を養成するのは重要ですが、活躍できるのは一部の人に限られます。しかも、一度は成功したとしても、その環境や仕事が持続する保証はまったくありません。なお筆者は、一時的な社会のニーズに合う人材養成を続けた結果が、今の日本社会の停滞を生んでしまったようにも感じています。

重要なのは、想定していない事態が起きても、フレキシブルに対応できる多様な人材がそこにいるということです。専門性を高めるべき重点領域があって当然と思いますが、それがすべてになってしまうと、急な変化が起きた際に対応できません。たとえば、現在は理系分野に若者からの人気が集中する一方で、哲学や文学などの分野は、かつてより注目されなくなってしまいました。しかし、教育においては、これらの領域も価値を認め、その分野を目指す子どもに陽が当たるようなものであるべきと筆者は考えます。

すべての子どもが、それぞれ異なるポテンシャルを秘めています。そして、本人ではない誰かが意図することで、イノベーターや異才が育つわけではありません。それらはあくまで、後付けの言葉です。

だからこそ、多様な人材を養成することを意識して教育を行っておけば、この先がどんなに不確定な未来になろうと、社会全体でカバーしあって、その先を進んでいけるに違いないのです。

新しい能力軸

現代を生きる私たちは、本人が意識する、しないにかかわらず、すでにその能力にテクノロジーを組み込んで生活しています。そう聞いても、多くの方にはサイボーグ的なイメージしか浮かばず、今一つピンとこないかもしれません。

しかし、テクノロジーが私たちの力を拡大・代替した結果、その生活が大きく変わっているのは事実です。

たとえば、今や多くの方が外出時に持ち歩くようになったスマートフォン。友人の電話番号もスケジュールも入れていますし、スマホを持たずに外出するなんて考えられない、という方も多いのではないでしょうか。これなどはスマホというテクノロジーを外部記憶装置として利用した結果、人が記憶能力を拡大させたという事例です。スマホを持ち歩く多くの人は、それが自分の能力の一部になっているという意識など持っていないと思いますが。

今では、テクノロジーを用いて人の能力を操作し、それで競う大会まで開催されています。「サイバスロン」は、障害を持った人がテクノロジーを用いることで能力を高め、設定された課題を競うという競技大会で、2016年にスイスで初めて開催されました。オリンピックやパラリンピックはそれぞれの選手が自身で備えた力を伸ばして競技するのに対し、サイバスロンは、技術と人の協力や融合がテーマになっているのがその特徴です。

さらに人の能力を拡充し、それをエンターテインメントとして楽しもうという活動も生まれています。超人スポーツ協会は、テクノロジーを用いることで、新しいスポーツを創り出すという活動を行っています。そのホームページを見れば、バネでできた西洋竹馬によってジャンプ力を強化し、弾力性のある透明な球体を上半身に被ることで衝撃から身を守りながらぶつかり合うという「バブルジャンパー」などが紹介されています。

一方、世界ゆるスポーツ協会はその逆で「スポーツ弱者を、世界からなくす。」というスローガンを掲げ、テクノロジーで能力を制限したり、普段使わない機能を活用したりして競うというスポーツを生み出しています。たとえば、特殊なスーツを着用して足の動きを制限し、這いつくばってラグビーをする「イモムシラグビー」、ARを利用して自分の眉毛を上げ下げしてリフティングを競う「まゆげリフティング」などは、見ているだけで楽しくなってしまいます。

これらのようなテクノロジーと人の関係についての新しい考え方は、私たちに新しい能力軸を提供してくれます。オリンピックやパラリンピックに代表されますが、これまでのスポーツとは、生まれ持った力をそれぞれの努力で鍛え、その結果を競う能力軸でしたが、紹介したものはいずれも、あえてテクノロジーでその力を操作し、新しい能力軸で競い合っているのです。

昔からある入学試験や資格試験などでは、そうした新しい能力軸を認めることに抵抗が強いのも事実です。一方、すでに本書で述べていますが、スタートラインが違う人の集団参加を考えた際、テクノロジーでスタートラインを揃えることがむしろ公平性の担保であると近年では考えられるようになり、ようやく合理的配慮が認められやすい時代へ入っています。

コンピュータゲームをスポーツの一種と考えて、競い合う「eスポーツ」。今ではよく耳にするようになりましたが、これも、指先と目の協応といった、これまでの社会にはなかった力の軸で競っています。野球やサッカーなど、いわゆる外でやるようなスポーツが苦手だった人が、この世界において抜群の能力を発揮する、などという話も聞きます。もちろん障害者とされる人がeスポーツで健常者を破る、などということは当たり前のようにあるわけで、今やテクノロジーは人の能力軸を多様化しているのです。

マジョリティとマイノリティ

朝の会では、大きな声で、明るく元気良く挨拶しよう。

それが大事だと、誰もが信じています。だからこそ挨拶ができない、友達ができない子は、専門家の診断を受けて、特別支援学級や学校に振り分けられています。そしてその過程で、一般的に「できない子ども」として見られ、マイノリティの立場に置かれていきます。

しかし、果たしてマイノリティ側の子どもは、本当に「できない子ども」達だったのでしょうか？　マイノリティとされた子ども達も訓練によって、マジョリティに戻れるのでしょうか？　もしくは戻す必要が、そもそもあるのでしょうか？

教育において区別は必要です。しかし、差別があってはいけません。

学校の中では障害のある子はマイノリティであり、それが無いマジョリティの子ども達がマイノリティを理解するための理解教育が行われてきました。しかし、大半のそれは、優位な子どもは劣った子どもに優しくしましょう、との発想から抜けきれない教育だとは言えないでしょうか。それは一歩間違えればまさに差別意識を助長することにつながります。

分類の仕方が「障害―非障害」という軸である限り、その関係性は治療やリハビリによって、障害を克服しない限り固定的になります。実際、マイノリティを抜け出すために大きな努力を払う子ども、親から叱責されながら訓練に励む子どもがいます。そして訓練の結果、マジョリティ側になることができる子もいますが、多くはそのまま、マイノリティとして人生を送ることになります。

これまではインクルージョン、つまりマジョリティがマイノリティを包括・抱合していくことでダイバーシティ（多様性）への理解が進むと考えられてきました。しかしそれは、障害や人種など、狭義の多様性への理解を高めるに過ぎません。真のダイバーシティへの理解とは、「隣にいる人との差異を理解し、その人を認めること」なのではないでしょうか。それができることで、本当の意味でのインクルージョンが実現できるはずです。

実はすべての人が、自分の中に、マジョリティとマイノリティの部分を持っていると思います。しかしそれは環境を変えることで、マイノリティの部分であろうと、簡単にマジョリティに変えることができます。

特にSNSのようなオンライン上のコミュニケーションの広がりは、この関係に大きな影響を与えました。その普及により、マイノリティとされてきた人々も結びつくようになり、今では大きなうねりとなっています。たとえば近年でも、世界に点在するハラスメントを受けた人たちの声をつなぎ、それが大きな力になることを示したものとして「Ｍｅ Ｔｏｏ運動」がありました。

また趣味や嗜好の世界などでも、地域に同じものを持つ友人がいなくとも、オンラインの世界ならたくさんの仲間とつながることが可能です。それによって、これまでマイノリティと思っていた自分が実はそうでもない、などと安心感を得られるようになっています。

こうしたオンラインを中心とした人の意識の変化は、これまで抑圧されてきた心の中にあるものを解放してくれています。当たり前と思っていた類型が変わることもあり、たとえばＬＧＢＴの人たちの主張は、今や男女という性別の枠組みさえ動かしつつあります。

「性別とはつまり男女」と思われていた時代、トイレについても基本的には男女に分ける以外、議論されることはほとんどなかったように思います。

以前筆者が数人の子どもたちと合宿に出かけたことがあったのですが、そこで「絶対に一人部屋がいい」と主張して譲らない男の子がいました。

「それは君のわがままでしょ！」と引率のスタッフが説得しましたが、「自分で費用を負担するから、どうしても個室にしてほしい」と言います。そこまで頑なに主張するのであれば、よほどの理由があるはずです。あらためて聞いてみたところ、その子は性のアイデンティティに悩んでおり、男の人と同じ部屋に泊まるのは嫌だったということを教えてくれました。その子にしてみれば、受け容れ難いほど嫌なことであるのに、私たちは「男同士だからなんの問題もない」と理解が及ばないまま、押し問答を続けていたというわけです。

今、東京大学で新しい建物が建つ時には、必ずトイレや更衣室でのLGBTへの配慮が議論されるようになっています。それも、なぜ今になって議論され始めたかと言うと、LGBTの方々が、それまでマイノリティと考えられてきたからにほかなりません。そしてこうした動きも、各地に散らばっていたLGBTの人たちがインターネットで結びつけられた結果、狭い地域の中ではマイノリティであっても、国や地球規模で考えれば決してそうではないことが分かった、という事実の証左でしょう。

ダイバーシティが拡大していくことで、この先、人を類型化することの意味はどんどん薄れていくはずです。

インクルーシブな個人と組織

今の社会では、インクルージョンすることが善で、分離はすべて悪、という原理原則ができあがっているように思えます。

たとえば特別支援学校に行くより通常校に行く方が、働くならパートタイムよりフルタイムが、福祉施設で働くより一般企業で働くことが善、または上と考えている人も多いのではないでしょうか。しかし、こういった優劣をつける発想が、インクルージョンを行おうとする組織そのものに歪みを生じさせる可能性があります。

効率のみ追求する余裕のない組織で、ペースの違う人が同じように学び働くのは、そもそも無理があります。たとえば障害者雇用を例にとると、障害のある人も原則としてフルタイムで働けることが前提で、配慮した分、健常者と同じように働くことを求められます。実際、無理に働き、数年で体を壊して退職する人も少なくありません。

障害者雇用枠で採用され、他の社員と一緒に働くBさんは、その障害が影響して動きが遅いため、同僚と同じタイミングでほとんど昼食をとれなかったと言います。帰宅したら疲れ果て、週末は家から出ることもない状況にまで追い込まれ、地域の人たちとの交流も次第になくなってしまいました。

この例は、障害のある人の生き方についての「選択肢の狭さ」が一因となっており、個人のインクルージョン（個人が組織に含有されている状態）の問題だと言えそうです。

一方で、これからは個人の扱いだけでなく、組織のインクルージョン（その人の属する組織が社会の中に含有されていること）を考えることが重要になると思います。

鹿児島市にしょうぶ学園という福祉施設があります。ここでは、知的障害のある人たちが野菜を育てたり、パンを焼いたり、レストランで美味しい食事を提供したりしながら、緑に囲まれた空間でゆっくりと生活しています。

そこに、布に糸を通すという作業だけをニコニコしながら続けている人がいます。彼らが作った縫い物のほとんどはそのままでは商品にならず、一見すると価値があるか分からないものですが、縫い貯めた生地を職員の手を介してプロデュースすることで、見事な刺繍入りのシャツなどに変わり、高値で売れていきます。

障害者支援施設の中に暮らしている以上、インクルーシブとまでは言えないのかもしれませんが、しょうぶ学園は地域コミュニティの住民の憩いの場となっており、社会にも包含されています。そのように、組織を外の環境と分離させてしまうのではなく、プロデュースする人たちを介して地域の人たちと結びつけるという試みは、これからより大切になると筆者は感じています。

受験だけが正解ではない

ここまでで、私たち大人が、未来を生きる子どもたちとどう接すればいいのか、ぼんやりとでも見えてきたように思います。

この本では基本的に、子どもには最初から教え込まず、見守ることの大切さを説いてきたつもりです。実際、子どもは、自由に動き、物に触れ、人と話をする中で興味が生まれたら立ち止まります。そして大人たちは、一から十までは教えず、見守ることが大切です。もしそこで、さらに興味を抱くようであれば、あとは、本人のニーズに沿って支援すればいい。

一方で、現代社会は子どもの興味を引こうとするもので満ち溢れています。

半世紀前であれば、テレビも家にやっと普及し始めたところで、本も豊富に買えたわけではありませんでした。子どもは家にいると退屈で仕方なかったものですが、今ではゲームやYouTubeなどの登場で、逆に子どもは家の中から動こうとしなくなりました。

新しく生まれたエンターテインメントの多くは、使う人を退屈させないように作り込まれているので、多くの子どもがその魅力に引き込まれ、自由に動き回る場面は少なくなってきています。だからこそ、あえて何も与えず、退屈させることが重要になってきます。退屈すれば、子どもは何かを始めるのです。

しかし、せっかく子どもが能動的に、好きなことに必死になり始めるころ、受験勉強が待っています。そのために、次第に親も「そればかりやっていてはダメ」「もっと勉強しなさい」「好きなことばかりやっていると、将来困るよ」と、そんな声かけになっていきます。

受験競争がこの先、すぐになくなるとは思えません。しかし、受験勉強が向いている子どもがいれば、そうではない子どもも必ずいます。それが、まさに多様性です。

もし、受験を通じて進学していくというラインを目指していて、そこから外れることになったとしても、悲観する必要はありません。視点を変えさえすれば、新たな生き方を選ぶことはいくらでもできます。

あらゆる知識が、今やインターネットを通じて得られる時代となりました。そもそも学校に行かないという選択肢も社会的に認められつつあります。実際、小さな頃から自分に合ったことを見つけて歩むという経験をし、その大切さに子ども自身が気付いていたなら、受験を選んでも、選ばなくても、どちらに行っても大丈夫でしょう。むしろ今は、その選択を親が決めてしまっているのが問題だということです。

親の持つ枠を広げる

　ではなぜ、これほど親が子どもに押し付けるようになったのでしょうか。筆者は、親に時間的余裕がなくなった反面、金銭的な余裕が生まれたからでは、と考えています。

　大家族で子どもを育てる時代ではなく、地域コミュニティのつながりもそれほど強くない。そうなれば、親は自分で子育てをするしかないと考えて当然です。経済的に余裕はあるので、家の中には漫画、テレビ、ゲーム、パソコン、インターネットなど、子どもに与えられる道具が溢れています。でも、本当はこれらの道具に依存せず、子どもが社会に出て、そこで遊べる環境を作れば、彼らは自由にさまざまなことを学ぶはずなのです。

　それには、安全が保障されるコミュニティづくりが必要です。そして、子どもにちょっかいを出すお節介な大人も不可欠です。つまり、この本を読まれた皆さん、その一人一人が子どもに対してお節介になっていけばいい。

　もちろん家の中が好きで、そこで一人で過ごしたい子どもの特性も尊重すべきと思いますが、現代では中毒性が強化されたツールがあるのも事実ですので、それらはある時期、子どもから遠ざけていいと筆者は考えています。

　本書で繰り返し述べてきましたが、ユニークな子どもの中には口下手で、なかなか友達が見つからない人も多い。しかし、狭い町内や学校区の中に趣味や性格が合う友達がいなくとも、世界を見渡せばたくさんいます。そして、インターネットなどを介せば、彼らとの出会いもすぐに作れる時代です。

だからこそ、親も枠の中で育てることだけ考えず、もっと大きな視野で子育てをしましょう。親自身の持っている枠が狭いと、狭いその中に子どもを縛りつけることにもなりかねない。私たちの持つ枠は、もっと広く、柔軟に変化するものであるべきです。それによって、親が過度に子どもに干渉することはなくなるはずです。

ほったらかして見守る

こうした筆者の主張はどこか古臭いし、前時代的だと感じる人もいるでしょう。ただし、テクノロジーを吸収して、新しい時代に即した人間へと進化していくこと自体、筆者は否定していません。大事なのは「動物の一種としての人の力」を、子どもの頃に開花させるということです。

これからさらに激動の時代がやってきます。親が子を庇護できる時間は限られていますし、一人でもある程度生きていけるような力が、やはり必要と思うのです。人間中心から自然中心へ。そんな視点を持って、子どもと向き合うことはとても大切です。特に幼児期は人工的な環境だけでなく、意識して、自然に委ねる場面を増やす必要があるでしょう。

「ならば、ほったらかしておけばいいのか」と怒る読者の方もいるかもしれません。でも、それはそのとおり。ほったらかしでいいんです。そして、多様性を認めるとはそういうことでもあります。

子どもが失敗したから叱る。そうではなく、失敗を笑い飛ばし、プラスになるようにそれを活かす。それができるようになれば、成功しても失敗しても、笑って過ごせるようになるはずです。

大人になってから価値観を変えるのは本当に大変です。それが分かっているからこそ、筆者もこの本を手に取られたお父さん、お母さんの価値観を否定しません。そもそも、何を書いたとしても、それを読むだけで、すぐに変わるものではないでしょう。

本当に追い詰められるようなことがあれば、「これでいいのだ」と開き直ってみましょう。もし子どもが理解できないような行動をとっていたのなら、無理やり理解する必要もありません。実の子どもを含めて、人は皆違うのです。その事実を前提とし、見捨てるのでなく、ただ彼らを信じて、じっと見守りましょう。「どんな子どもも認める」という姿勢は、「どんな子育てでも良い」とは、意味が全く違うのです。

子どもから求められる壁になろう

「それならば、親の役割とは?」と思われた方がいるかもしれません。その答えを記すなら、私は、親は子どもにとって「良い壁」になるべきだと考えています。

壁が子どもの成長を妨げている、とここまで述べてきましたが、でも壁がないと子どもは安心して育つことができません。ただ、意味のない壁が増えすぎてしまったので、それを取り払い、意味のある壁だけ選び、残し、作っていく。そして私たちが、その残る壁になる必要があるのです。

壁があるせいで、時に子どもと親が激突することもあるでしょう。でもその激突も、子どもの成長にとって重要です。

親は忙しいから他者に預ける、預かったサービス提供者も子どもをお客様と捉え、トラブルが起きないよう、子どもを大切に扱う。だからこそ、学校で子どもは強く叱られることもなく、親のクレームを恐れた先生方も、子どもと仲良く楽しく過ごすことだけに終始してしまう。

それは、一見優しさに満ち溢れた、先回りをしてなんでもやってあげる社会です。でもそんな環境では、子どもは育ちません。そこで育った子どもは耐性の低い、考える力の弱い子どもになっていきます。

これからの時代、親である皆さんは、いたれりつくせりで「大学に行ってください」などと言うのはなく、「大学なんか好きにしろ」と言い、育てればいいのです。

人格というものは、感情を表出し、適度にぶつかり合うことで形成されていきます。それなのに、今の日本社会はなるべく感情を内に溜め、それを押し潰して生きるのが美徳とされる社会になってしまいました。

それによって溜まったストレスはどこにも吐き出されることなく、それで心を病んでいく人が大勢生まれました。日本社会は、皆がルールを守り、人に対して優しく、穏やかな社会が形成されているように見えますが、言い換えれば、衝突を避けてエネルギーを失い、すっかり停滞した社会であるとも言えます。果たしてこのままで、子どもに明るい未来は待っているのでしょうか？

さあ一緒に、目の前に立ちふさがる壁を乗り越えていきましょう。

おわりに

著名な俳人で、脳性麻痺の当事者でもあった花田春兆《しゅんちょう》さん。

2017年に亡くなった彼が著した『日本の障害者——その文化史的側面』(中央法規出版)の中に、「ひょっとこ」の語源が紹介されています。

「ひょっとこ」はご存じの通り、ユニークな顔をしたお面としてよく知られたキャラクターですが、同書によれば、実はあの表情は脳性麻痺の人の顔を表しているとのこと。そして「ひょっとこ」の語源は「火男」で、その昔、歩行困難で作業に出ることのできない脳性麻痺の人には火を守る役割が村の中で与えられていた、ということを示しているそうです。つまり「ひょっとこ」の曲がった口は、脳性麻痺の人の緊張した表情で、また風を送って火を消す口でもあったというわけです。

同様に、江戸時代では、視覚障害の人には按摩《あんま》や鍼灸《しんきゅう》の仕事が特権的に与えられ、彼らが働く場が確保されていたといいます。かつての日本は、それぞれの人が、個々に合ったさまざまな役割を担って生きていたのです。

ところが近代に入り、公平・平等や効率化が求められると、そうした障害を持った人たちに委ねられた役割も次第に奪われていきました。そして21世紀となった今では、障害のある人に限らず、誰もがＡＩやロボットに役割や仕事を奪われる可能性が出てきています。子どもたちが大人になる頃には、今の大人たちがしているような仕事の多くが消え、多くの人が、社会の中で役割を失っているかもしれません。

確かに性別、年齢、国籍、障害などへの多様性理解はよく聞くようになりました。しかし「個々」への多様性理解という主張は当たり前のこととされているのか、あまり注目がされず、未だに「人は皆違う」といった言葉で完結してしまっています。

しかも「違う」という言葉も、あまりポジティブに使われているようには思えません。今の日本では、社会は理想の人間像を想定し、そこに近づけようとする教育が主流になっています。そのため、人と違うことを主張するということには、ネガティブな響きが備わっています。変わっている、ユニーク、自己流は日本の組織の中では良く思われません。

結局、あれこれ考えても他人を理解できない時、「人は皆違うから仕方ないよね」という言い訳に使われている印象があります。

人が人らしく生きていく。そのためにはどうすればいいのか。

まず、それを考えながら、子どもの個性を伸ばし、人が人らしく、お互いを尊重して学び・暮らし・働ける未来を親や教師が思い描きながら、子育て・教育を行っていきましょう。

個人個人で思い描く未来は違うかもしれません。でも、それでいいのです。

この先訪れるのは科学技術を万能と信じ、効率を追求し、快適な生活を追求する未来なのでしょうか。それが真っ当だとは思いませんし、そんな社会のニーズに合わせた子育てや教育は間違っていると感じます。

ただし、今よりさらに不確実で不安定な社会になっていくのもまた事実でしょう。そしてそんな不安定な未来が待ち受ける以上、私たちは、個々の特性に合わせて子どもたちが自由に学べる環境を作り、他者を思いやることのできるような人材教育を行うことが一番です。

今こそ、親馬鹿の壁を越えていけ。

筆者は本書を執筆して、あらためてそう思っています。

最後に。私がこれまで出会った多くの子どもたち、ご家族、教育関係者のエピソードを通じて感じたことが、この本を執筆するエネルギーとなりました。また中央公論新社の吉岡宏さんには大変お世話になりました。ここに感謝の意を表します。

おわりに

ラクレとは…la clef=フランス語で「鍵」の意味です。
情報が氾濫するいま、時代を読み解き指針を示す
「知識の鍵」を提供します。

中公新書ラクレ
731

どの子《こ》も違《ちが》う

才能《さいのう》を伸《の》ばす子育《こそだ》て 潰《つぶ》す子育《こそだ》て

2021年6月10日発行

筆者……中邑賢龍《なかむらけんりゅう》

発行者……松田陽三
発行所……中央公論新社
〒100-8152 東京都千代田区大手町1-7-1
電話……販売 03-5299-1730 編集 03-5299-1870
URL http://www.chuko.co.jp/

本文印刷……三晃印刷
カバー印刷……大熊整美堂
製本……小泉製本

Published by CHUOKORON-SHINSHA, INC.
Printed in Japan ISBN978-4-12-150731-0 C1237

中公新書ラクレ　好評既刊

L722
増補版 駆け出しマネジャーの成長論
―7つの挑戦課題を「科学」する
中原　淳 著

突然、管理職に抜擢された！　年上の部下、派遣社員、外国人の活用方法がわからない！　飲みニケーションが通用しない！　プレイヤーとしても活躍しなくちゃ！　社会は激変し、一昔前よりマネジメントは格段に難しくなった。困惑するのも無理はない。人材育成研究と膨大な聞き取り調査を基に、社の方針の伝達方法、多様な部下の育成・活用策、他部門との調整・交渉のコツなどを具体的に助言。新任マネジャー必読！　管理職入門の決定版だ。

L723
「スパコン富岳」後の日本
―科学技術立国は復活できるか
小林雅一 著

世界一に輝いた国産スーパーコンピューター「富岳」。新型コロナ対応で注目の的だが、真の実力は如何に？　「電子立国・日本」は復活するのか？　新技術はどんな未来社会をもたらすのか？　莫大な国費投入に見合う成果を出せるのか？　開発責任者や、最前線の研究者(創薬、がんゲノム治療、宇宙など)、注目AI企業などに取材を重ね、米中ハイテク覇権競争下における日本の戦略や、スパコンをしのぐ量子コンピューター開発のゆくえを展望する。

L724
鳥取力
―新型コロナに挑む小さな県の奮闘
平井伸治 著

鳥取県は、日本で最も小さな県である。中国地方の片田舎としか認識されず、企業誘致を提案しても苦笑いされた。しかし大震災と新型コロナ感染拡大により時代の空気と価値観が変わった。鳥取を魅力的な場所と思ってもらえるようになった。新型コロナ感染症対策では、ドライブスルーのPCR検査を導入し独自の施策を展開。クラスター対策条例なども施行し感染者が一番少ない県となった。本書では、小さな県の大きな戦いを徹底紹介する。